Special support education

特別支援教育
すきまスキル

小学校下学年編

青山 新吾 編
堀 裕嗣

明治図書

まえがき

こんにちは。青山新吾と申します。

このたび，堀裕嗣さんと一緒に「特別支援教育すきまスキル」シリーズを編集させていただきました。小学校下学年版と小学校上学年・中学校版の２冊が同時に刊行されました。お手にとっていただきありがとうございます。

平成19（2007）年に学校教育法の一部改正があり，特別支援教育は法律に位置づけられて本格的に始まりました。それから10余年が過ぎ，時代はインクルーシブ教育システムを構築し，共生社会の形成に向けての教育を進めていこうと動いています。しかし，実際には，学校現場の中で特別支援教育が十分に機能しているとは言えないように思うのです。多くの学びにくさ，生活しにくさのある子どもたちが安心して学べているとは言い難い状況が散見されるように思えます。

その理由は多岐にわたっています。中でも，その大きな理由として，小・中学校の教員が，学校現場の実態に応じた特別支援にかかわる基礎的なスキルを持ち得ていないことがあげられるでしょう。ここで言っている基礎的スキルとは，普通の教師が普通に行えるレベルのものを指しています。特別支援教育を専門的に深く学んでいる一部教師だけが行えるものを指してはいません。

本書は，学校現場で日常的に目にする光景に対して，誰が行ってもこれだけはやりたいという基礎的スキルを整理

し，提供することを目的としています。

　しかし，本書は単なるスキル紹介の書籍ではありません。学校現場でよく聞かれる「困っているのですが，どうしたらよいですか？」という問いに，直ぐに応えるものではありません。そうではなくて，スキルを導き出した思考の仕方も合わせて示していくものになっています。

　先ず本書では，学校現場の日常の中で生じそうな状況をピックアップしました。そして，それぞれに応じて

　・その状況の背景要因の分析
　　＝なぜその状況が生じているのかを読み解くこと
　・そのために知っておくべき知識
　・その状況に対しての
　　①集団に対する指導スキル　②個別の支援スキル

をパッケージにして示しています。これは，いかなる状況に対しても，教師が思考する手順を示しているのです。

　困った状況に対して，直ぐに指導や支援を行うのではなくて，先ずは背景を読み解いていきます。また，何でも個別に支援するのではなく，その状況が生じている集団全体にアプローチを試みます。同時に，個別の支援も検討していくのです。特別支援においては「集団の中の個」という見方が重要です。本書で私たちは，集団と個のバランスを意識して，スキルを学んでいくことを提案しています。この提案が，多くの支援を要する子どもたちだけでなく，その周りの全ての子どもたち，そして多くの大人にとって少しでも役立つものになれば幸せです。　　　　　青山　新吾

もくじ

まえがき

第1章　教室の環境整備
1　教室環境の整備原則は？ ……………………………………… 10
- 背景要因1　想定外のことでパニックになる
- 背景要因2　文字情報だけではイメージがもてない

2　座席位置決定の配慮ポイントは？ ……………………………… 16
- 背景要因1　長時間集中することが苦手
- 背景要因2　関わり（スキンシップ）を求める

3　当番活動・係活動の配慮ポイントは？ ……………………… 22
- 背景要因1　やり方がわからない
- 背景要因2　集中力が続かない

COLUMN　インクルーシブな教育 ……………………………… 28

第2章　コミュニケーション
1　子ども同士の関係づくりのための指導ポイントは？ …………… 32
- 背景要因1　触れられることに対しての感覚過敏
- 背景要因2　思いを言葉にすることに難しさがある

2　思ったことを直ぐに口に出して表現する子どもへの指導ポイントは？ ……………………………… 38
- 背景要因1　衝動性
- 背景要因2　他者の気持ちを読むことの苦手さ

3　困っても人に頼れない子どもへの指導ポイントは？ ………… 44
- 背景要因1　頼り方がわからないから頼れない
- 背景要因2　完璧主義だから頼れない

４　ものすごく理屈っぽく，過度の論理的な物言いをする子どもへの指導ポイントは？ 50

背景要因1　勝ち負けにこだわる

背景要因2　相手の感情が類推しづらい

COLUMN　通級による指導 56

第3章　生活指導

１　特定の子どもや教師への攻撃がある子どもへの指導ポイントは？ 60

背景要因1　お試し行動

背景要因2　フラッシュバック

２　絶対に謝罪しない子どもへの指導ポイントは？ 66

背景要因1　「ごめんね＝悪い子」

背景要因2　「だって＝自己防衛」

３　次の見通しがもてない場面での不安が大きい子どもへの指導ポイントは？ 72

背景要因1　見通しをもつ困難さ

背景要因2　マイナス体験

４　忘れ物が多かったり，指示等をすぐに忘れてしまう子どもへの指導ポイントは？ 78

背景要因1　記憶をとどめておくことができない

背景要因2　注意力を持続させることができない

５　モノの整理ができずに持ち物等が混乱している子どもへの指導ポイントは？ 84

背景要因1　片付け方のイメージがもてない

背景要因2　不注意・注意集中の困難さ

COLUMN　ワーキングメモリ 90

もくじ

第4章 授業
● 指導の基礎技術
1 じっとしておくことが苦手な子どもへの対応ポイントは？……94
   - 背景要因1 脳の前頭葉の働きが弱い
   - 背景要因2 話の内容理解・注意を向けることができない

2 おしゃべりが止められない子どもへの対応ポイントは？……100
   - 背景要因1 行動のコントロールが難しい
   - 背景要因2 こだわりが強い

3 固まってしまい，動けない，話せない子どもへの対応ポイントは？……106
   - 背景要因1 場面緘黙
   - 背景要因2 知的障害など心理的緊張で固まる

COLUMN 吃音……112

● 学習内容
1 九九，漢字，公式などが覚えられない子どもへの対応ポイントは？……114
   - 背景要因1 記憶しているのに，うまく思い出せない
   - 背景要因2 不器用さや筆記技能によって，書き表せない

2 ノート等に写すことが難しい子どもへの対応ポイントは？……120
   - 背景要因1 記憶に困難がある
   - 背景要因2 手先が不器用である

3 教科書を読めない子どもへの対応ポイントは？……126
   - 背景要因1 音韻認識や見る力が弱い
   - 背景要因2 語彙や文法知識が少なく，推論する力が弱い

4 宿題をしてこない，こられない子どもへの対応ポイントは？ ……… 132

背景要因1 読み書きに困難がある

背景要因2 物の整理・整頓，管理が苦手である

5 入退院を繰り返すなど，学習の積み重ねが難しい子どもへの対応ポイントは？ ……… 138

背景要因1 長期欠席による学習空白

背景要因2 経験や体験の不足による自信の喪失

6 見ることが難しく，周囲の情報が認知できない子どもへの対応ポイントは？ ……… 144

背景要因1 座学の場面で，手元や黒板の細かい部分が見えない

背景要因2 体育や全校行事の場面で，全体の様子を把握できない

COLUMN 英語教育とディスレクシア ……… 150

第5章 連携・接続

1 教育支援員等，支援に入る教職員との日常的な連携ポイントは？ ……… 154

背景要因1 担任をキーパーソンとする教師の指導体制が整っていない

背景要因2 情報共有するための時間確保が難しい

2 特別支援学級の交流及び共同学習における日常的な連携ポイントは？ ……… 160

背景要因1 ねらいが共有できない

背景要因2 子ども同士の関係の弱さ

3 通級による指導を受けている子どもについての通級指導担当者との連携ポイントは？ ……… 166

背景要因1 「通級指導」に関する知識不足

背景要因2 「困り感」の把握不足

COLUMN 院内学級での関わり ……… 172

あとがき

第1章 教室の環境整備

第1章 教室の環境整備

❶教室環境の整備原則は？

　算数の時間，ノートに定規を使って線を引かなければならない場面がありました。

　Aさんは，すぐに筆箱の中の定規を探しますが，なかなか見つかりません。他の子たちは，定規を使ってノートに線を引き始めます。その姿を見て，Aさんはイライラしています。そのうち，隣の子の邪魔をし始め，学習に全く取り組まなくなってしまいました。

　掃除の時間，まだ掃除に慣れていない子たちは，教室に掲示されている手順を見ながら取り組み始めました。

　その中で，Bさんも手順を見ているのですが，なかなか動き出しません。Bさんに「何か困っているのかな？」と聞くと，黙ったままです。Bさんの様子を見ていると，「やりたくない」「気になっていることが何か他にある」というような感じはありませんでした。

　下学年では，学校で取り組むことに対して，最初は丁寧に指導していきます。しかし，学級全体が軌道に乗ると，一人一人の状況を見失いがちになってしまいます。

　Aさんは，学習に対しては意欲があったのに，定規が一つないことで，気持ちが途切れてしまったのです。Bさんは，どのように掃除をすればよいのか，文字だけではわからず，掲示物の前で立ち止まってしまっていたのです。

これだけは知っておこう

背景要因1 ☞ 想定外のことでパニックになる

　筆箱にあるはずの定規がない……。そんなとき,「忘れてしまったのかな」と判断して,先生や友だちに借りようとすることが一般的な対応の仕方です。

　しかし,こだわりが強い子にとって,想定外のことや,ルーティンから外れることが起きてしまうと,どう対応したらよいのか,わからなくなることがあります。時にはパニックを起こすこともあります。見通しがあることで,安心感をもって生活をしている側面もあるからです。

　筆箱の中に定規が入っていないときがあっても,大丈夫であることをあらかじめ伝えたり,見通しをもたせたりすることが大切です。

背景要因2 ☞ 文字情報だけではイメージがもてない

　掃除には,覚えなければならない手順があります。

　例えば,教室清掃は,机を下げ,掃き掃除をし,机を戻して,椅子を下ろし,拭き掃除……というような手順です。

　下学年であれば,清掃活動当初は,手順をもとに丁寧に指導を重ね,その後は,掲示している手順を見るようにすれば大丈夫だと思いがちです。

　しかし,それだけでは理解することがなかなか難しい子もいるのです。Bさんは,「つくえをさげる」という手順の「さげる」ということが,文字だけでは,どのように動いてやるとよいのかわからなかったのです。

背景要因1 想定外のことでパニックになる

集団への指導スキル

🐦 学習用具を常備して貸し出す

例えば，以下のようなものを学級の所定の場所に常備し，いつでも貸し出せるようにしておきます。

鉛筆／赤鉛筆／消しゴム／定規／ノート用紙／のり

使う時には，先生に「○○を借ります」と必ず伝えること。鉛筆類は，教室にある鉛筆削りで，尖らせてから戻すこと。この2つを約束にします。

忘れ物に対する意識が低くなっても困ります。借りることが続いた場合には，本人と話をしたり，家庭に連絡したりして，自分で用意できるように働きかけます。

大事なことは，学級全体に，用具を忘れてしまっても学習に取り組めるという安心感や，忘れてしまったらどうしたらよいかという見通しをもたせることです。

🐦 必要なものを使いやすいようにする

「教室にどんなものを置くか」ということは，教室環境を考えるときに，まずはじめに考えることです。子どもたちが「安心」して，学校生活をおくるために，どんなものがあるとよいかと考え，環境整備していくことが大切です。

また，それらが所定の場所にあるなど，「使いやすいように」置かれていることも大切です。カラーペンなども，色ごとに分かれて置かれていると，使いやすくなります。

第1章　教室の環境整備

> 個別の支援スキル

^{point} 朝のうちに持ち物を確認する

　Aさんは，学習が始まる時に忘れ物に気づくと，慌ててしまい，うまく対応できないことがあります。そのため，朝のうちに，Aさんのところに行き，持ち物などを確認するようにしました。筆箱の中身，教科書，ノートなどを一つずつ確認していきます。ないものに気づいた場合は，対応の仕方も同時に確認します。これを繰り返していくうちに，Aさんは，自分でも確認できるようになりました。

　他の場面でも，見通しをもって，安心できるように，次のようなプリントを配付したり掲示したりしました。

① 学校に常備しておくものの一覧
② 週ごとに出される時間割に「持ち物」を加えたもの
③ 学習の時に，机の上に置くものと置き方
④ 机の前方，側方に掛けておくものと掛け方
⑤ 教科書やノートの机の中への入れ方

　このような整備をすることで，Aさんの学習や生活に対する前向きな気持ちが生かされる環境になっていきました。

^{point} 個の環境整備も意識する

　教室環境といえば，教室全体に関わるものを想定しがちです。しかし，下学年であれば，一人一人にとっての環境が重要な教室環境になります。下学年は，身の回りの環境の中で動くことが多く，その環境に左右されることが多いからです。個にとっての環境整備も意識することで，より一人一人に寄り添える教室環境になっていきます。

13

背景要因2　文字情報だけではイメージがもてない

（集団への指導スキル）

☝ 清掃活動の流れの中に，視覚情報も加える

教室清掃の手順のそばに，次のような写真を掲示し，作業の見通しが視覚情報でわかるようにしました。

① 「つくえをさげる」→机の上に椅子を上げた状態で，教室後方へ下げられている全体像
② 「はきそうじ」→（写真ナシ）
③ 「つくえをあげる」→机を元の場所に戻し，椅子を下ろした状態の全体像
④ 「ふきそうじ」→（写真ナシ）

清掃用具箱の収納の仕方も写真で撮り，用具箱の扉の裏に掲示して，それを見ながら片付けられるようにしました。これらの視覚情報によって，Bさんだけでなく，他の子たちも効率よく作業ができるようになりました。

☝ 「見える化」を意識する

教室には，清掃だけでなく，給食の配膳や片付け方など，作業を伴った，理解しておかなければならない流れ，仕組みがたくさんあります。

これらの流れや仕組みをいつでも確認するために，教室の中に「見える化」しておきます。下学年であることや，子どもたちの特性を考えると，文字だけではなく，視覚的にも理解できるような「見える化」も大切です。ただ，情報が多すぎても，子どもたちは混乱します。何をどのように「見える化」するのかは，教室環境の大事な視点です。

第1章　教室の環境整備

個別の支援スキル

^{point} 清掃活動が始まる前の動線を確認する

　Bさんは，視覚情報が入った教室清掃の手順を見て，何をすればよいのかはわかったようですが，まだ戸惑っていました。今度は，自分の食器の片付けや，椅子を上げる作業と，掃除の手順を見に行くことと，どちらを優先すべきか迷っていました。そこで，Bさんの動線を一緒に確認しながら，教室清掃を始めるようにしました。

　「給食終了→自分の食器を配膳台へ→そのまま掃除の手順と自分の担当する当番を確認しに行く→自分の席へ→椅子を上げ，机を下げる→自分の当番に向かう」

　この動線を，Bさんだけでなく，学級全体の基本的な動線にもすることで，動線自体が教室環境になり，Bさんの安心感は，さらに高まることになりました。

^{point} 動的な環境にも配慮する

　給食の配膳やプリントの受け渡しなどの場面で，子どもたちの動線が学級内で統一されていると，効率よく時間を使えるだけでなく，こだわりの強い子や，見通しがないと不安になる子にとって，安心できる環境になります。

　教室環境は，もちろん物的環境が中心ですが，子どもたちの動きや動線（時には，教師自身の動きや動線も）が子どもたちにとっては，大切な環境となるのです。

　多様な子どもたちがいる教室の中で，教室環境の整備原則に，ベストはありません。しかし，ベターを目指すことは大事にしていきたいものです。　　　　　　（大野　睦仁）

第1章 教室の環境整備

❷ 座席位置決定の配慮ポイントは？

　教室のあちらこちらでトラブルが頻発します。また「ちょっかい出さないで」「もういいかげんにして」という子どもの声が聞こえてきます。

　気がつくと，教室の後ろの方で席を離れあちこち動き始めている子もいます。

　その子が動くならぼくも！と動く子も増えてきます。

　4月はまだ大人しくしていたはずなのに，日を追うごとに騒々しくなります。

　注意すればするほど，ますます教室は騒がしくなり，先生の声もますます大きくなり，叱ることが増えるばかり。

　先生も授業を進めるわけにもいかず，ずっと注意ばかりすることになってしまい，毎時間疲れ果ててしまいます。

　子どもたちの状態や様子を観察していくと，関わりを求めて近くの子どもたちに誰彼かまわずちょっかいを出してトラブルになっている子どもが見られます。

　単に動きたい，集中できない，そのためそわそわしている子どもたちも見られます。

　学習に困難さを感じている子も気になります。

　個別支援が必要ですが，その子への関わり方やその頻度によって授業中の雰囲気も変わってきます。そして，そのベースとなるのが座席位置決定時の配慮です。

これだけは知っておこう

座席の配置によって,子どもが集中しやすくなったり,適切な支援がしやすくなったりします。

背景要因1 ☞ 長時間集中することが苦手

何かが気になり,見に行きたい,話したい,動きたいという衝動が抑えられない子がいます。他にも,突然パニックになったり,キレたりする子もいます。

また,集中することが苦手であるために,座席の配慮が必要な子がいます。つい立ち歩いたり,何か別のことをしたり,手悪さをしたりすることがあります。

視覚や音の刺激が少ない場所や,すぐに教師が気づいて声をかけてあげることができる席の配置にする必要があります。

背景要因2 ☞ 関わり(スキンシップ)を求める

人との関わりが必要で,それを我慢しづらい子どもたちがいます。

友だちに話しかけたり,話しかけられたりすることが「必要」な子どもたちです。

また,誰かに「触る」ことで落ち着く子もいます。

必ずしもその子にとってプラスの関わりだけではなく,一見その子にとっては不快と考えられる関わり(刺激)を求めている場合もあります。

先生や友だちと適切な関わりができるような配置を考える必要があります。

背景要因1 長時間集中することが苦手

集団への指導スキル

point 視覚的・聴覚的刺激を少なくする

まず,視覚的・聴覚的な刺激が少ない場所を選ぶといいでしょう。そもそも教室の前面には,必要のないものは極力貼ったり置いたりせず,すっきりさせることが前提です。

窓際などは,前に近くてもいろいろな刺激が入り,集中しづらい場所となります。

スリッパの音だけで,集中できなくてイライラする子はいます。

また,光の入り方で集中できなくなる子もいます。

point 教師の動線に沿って考える

とっさに関わりやすいように,教師の近くに衝動性の高い子を置くのがセオリーです。

ただし,教師一人一人の動きには個性があり,教室のどこを見るか,机間指導の時にどこを通るかは人によって結構違います。

例えば一番前にいても,「灯台下暗し」で案外その子たちを見ていないこともあります。

教室の全面を見ている教師は案外少ないため,多かれ少なかれ見る場所,「死角」になっている場所ではなく,いつも見る場所,いつも通る場所を中心に気になる子を配置してみてはどうでしょうか。

第1章　教室の環境整備

> 個別の支援スキル

point 席は教師が決める

　座席配置が教室の雰囲気づくりの生命線を握ることがあります。トラブルが起こり続けることで，教師も子どもも疲弊していきます。

　子どもたちに「教室の席は先生が決めます」と宣言しましょう。

point 目線を合わせる

　「気にされている」と子どもが感じると，集中力は続きやすくなります。また，不安になると不適切な行動をすることが多くなりますが，その前に教師の方をちらっと見ることがあります。

　その時に，にこっと笑ってうなずくだけで，低学年の子は安心して落ち着くことも多いのです。

　せっかく教師の目が行き届きやすい席に配置したのですから，しっかり目を合わせ，にっこり笑ってあげましょう。

point 音や光に気を配る

　低学年の子どもにとっては，外の景色は刺激的なものです。カーテンや窓の開け閉めには，いつも気を配っていたいものです。イライラし始めたら，「もしかすると」と考える癖をつけることは，後の大きなトラブルを防ぐことになるかもしれません。

point 見通しをもたせる

　子どもは，これから何をするのかわからないと落ち着かなくなることがあります。何をするのか端的に伝えましょう。

背景要因2 関わり（スキンシップ）を求める

集団への指導スキル

point 隣の子を誰にするかを考える

関わりを嫌がる子もいますが，それを受け入れてくれる子もいます。また適切に関わり，上手に止めさせることができる子もいます。

同級生だけれど，その子が「一目置いている」子を近くに置いておくことも効果があります。

そういう子たちを関わりが欲しい子どもの近くに適切に配置します。

point 席替えは頻繁に行う

ただし，ずっと同じ子がそばにいるということは避けたいものです。

本人は嫌がっていないように思っていても，しばらくたって保護者から「どうしてずっとあの子の隣なんですか？」とクレームが来る場合があります。

トラブルが多いほど，席替えは頻繁に行いましょう。

point 関わり方を教える

低学年なので，ついついけんかに発展してしまうこともあるでしょう。

やだなと思ったら，「その時は」相手にしないことを伝えます。

そして，それ以外の時にはしっかりと関わることを教えます。

第1章　教室の環境整備

個別の支援スキル

ᴾᵒⁱⁿᵗ 適切に関わる

そもそも多くの関わりが欲しい子です。

たくさんプラスの声かけをしましょう。そのための座席配置です。

笑顔で，プラスの声かけ（ほめ言葉，励まし）をするなど，適切に関わりましょう。

接触に対する過敏さをもっている子どももいます。スキンシップは無理のない範囲で行いましょう。

ᴾᵒⁱⁿᵗ 学習活動を工夫する

関わりが欲しいからあれこれ話しかけたり，友だちに触ったりするのです。

先手を打って，話し合い活動をたくさん入れたり，何かするたびに近くの子とハイタッチするなど，身体接触のある活動を取り入れましょう（ただし，回数の制限は必要です）。

ᴾᵒⁱⁿᵗ スルー（教育的無視）する

例えば繰り返し叱られる子は，叱られることが「関わり」となり，「刺激」となります。

つまり，叱られるという一見不快に思える関わりでも，その子にとっては「報酬」となるのです。

座席の配置をした上で，「見て見ぬふりをする」ことが，結局その子の不適切な行動を減らす早道であることは決して少なくありません。

（南　惠介）

❸ 当番活動・係活動の配慮ポイントは？

　学校で子どもたちが行う活動は授業だけではありません。教室にないと困る仕事を分担する当番活動，生活をより豊かにするために行う係活動は，子どもたちにとって授業に並ぶ毎日の大きな活動です。

　好奇心旺盛で，何事もやりたがる小学校低・中学年の子どもたちは，当番活動・係活動にも積極的に取り組もうとします。しかし，始めてみると，みんながうまくできるわけではありません。

　「Aさん，ちゃんと仕事しなさい」「Bくん，ふざけちゃダメでしょう」と，先生の注意や叱責の声が教室に響きます。また，「Cさんが，今日も仕事を忘れています」「Dくんが，仕事しないでどこかに行ってしまいました」といった子どもたちの声も飛び交います。

　当番活動・係活動の大きな特徴は，先生の目が届かないところで行われることです。だから，担任の先生も指導に困るようです。しかし，困っているのは先生だけではなく，授業中は，教師の指示や支援のもとで問題なく過ごしている子どもたちも，自分たちの判断や自主性に任せられる活動の中で，うまくやれないで困っているとも考えられます。

　こうしたやる気はあるのに活動できない子どもたちの背景には，「やり方がわからない」「集中力が続かない」とい

う要因が考えられます。

これだけは知っておこう

背景要因1 ☞やり方がわからない

　自閉傾向の子どもたちには，曖昧なことが理解できないという特徴があります。

　教師の指示や発問のもとで行動する授業に対して，当番活動・係活動は，子どもたちに任せられる割合が増えます。やることも，大まかで伝えられないことが多いです。

　そういうとき，多くの子は，自分の経験からやるべきことを考えたり，周りの友だちの様子を見たりしながら行動します。しかし，推測したり，周りと合わせたりすることが苦手な子は，やりたい気持ちはあるのに，何をしていいかわからずにいることがあります。

背景要因2 ☞集中力が続かない

　ADHD（注意欠陥多動性障害）には，注意力に課題がある面があります。こうした子どもたちは，注意力が弱いというよりも，たくさんのことに気が行きすぎると捉えることができます。

　周囲の環境が整えられた授業場面と違い，生活場面で行われる当番活動・係活動では，周りの環境や友だちとの関わりなど，たくさんのことに気が行きすぎて，自分がやろうと思ったことに最後まで，気持ちが向かないということが考えられます。

背景要因1 やり方がわからない

集団への指導スキル

point 「いつ」「誰が」「何を」「どうする」を見える化する

当番活動や係活動でやるべきことを、できるだけ見える化しておきます。このとき、「いつ」「誰が」「何を」「どうする」という視点を意識します。

写真1は、日直の仕事表です。仕事の内容だけでなく、仕事をする時刻も示されています。

写真2の掃除当番表には、写真で掃除道具が表せていて、何を使うかがよくわかります。

図1の掃除分担表には、仕事の内容が示されていて、その上に担当する子の名前を貼ることになっています。

写真1

写真2

第1章　教室の環境整備

A	
ほうき・前	ロッカーのすき間，先生の机の下もはく
たな・前	先生の机やAV機器等もふく　終わったら学習予定カードや学習道具を整理する
たな・横後	後ろの黒板もみずぶきするものを整理するリサイクル用紙の整理
ほうき・窓	まどの開け閉めもする
ほうき	ちりとりをもつ
ほうき	ロッカーのすき間のゴミもとる

B	
流し場	鏡もふく　牛乳入れなどの容器も洗う
黒板	さんもふく　黒板消しもきれいにしておく
床ふき・前	黒板の下，配膳台の下を中心にふく
ドアの下・廊下	水ぶきする　終わったら廊下の水ぶき
床ふき	磨くようにふく　きたないところは水ぶき
床ふき	磨くようにふく　きたないところは水ぶき

図1

個別の支援スキル

仕事を覚える場と時間を設ける

　やり方がわからない子には，個別に模範を示したり，一緒に活動したりします。

　もともとやる気がある子が多いですから，丁寧に教えてあげれば，自ら行動できるようになります。

　しかし，約30人の子どもたちを相手にする担任教師が，個別に時間を確保するのは，なかなか難しいことです。しかも，当番活動の多くは，日直が日替わりで行ったり，班が週ごとに交替で行ったりします。これでは，教師が個別に対応する時間も少ないですし，理解や習得に時間がかかる子にとっては，仕事を覚える前に終わってしまいます。

　そこで，仕事をする期間を長くとるようにします。日直の仕事でなく，毎日決まった子に担当させたり，1週間ごとの仕事を2週間や1か月にしたりします。こうして一つの仕事の期間を長めに設定することで，仕事に慣れることができたり，教師が時間をかけて，仕事のやり方を伝えることができたりするようになります。

背景要因2 集中力が続かない

集団への指導スキル

point 仕事の終わり方を示す

集中力が持続しない子の特徴は,はじめはやる気があるのに,そのやる気が最後まで保たれないことです。そこで,仕事の終わり方を示すようにします。

写真3

写真3では,自分の仕事が終わったら,カードをひっくり返すことになっています。全部ひっくり返すと,イラストが完成するという仕掛けがあります。

写真4では,仕事を終えると,自分の名前が書かれたカードを動かすことになっています。仕事を終えた子,まだ終えていない子がすぐにわかります。

写真4

当番や係の仕事を決めたら,それぞれの仕事の最後にやるべきことを決めておくと,最後までやらなければいけないという気持ちを促すことができます。

個別の支援スキル

point 「はげまし」や「感謝」の声をかける

気が散りやすい子,自分の仕事を忘れてしまいがちな子

には，自分の仕事に気持ちを向け続けられるように，まめに声をかけてあげるとよいです。当番活動・係活動がうまくできずにいる子をいつも念頭に置き，「がんばっているね」や「いつもありがとう」などの言葉をかけるようにします。担任教師からのはげましや感謝の言葉が，その子のやる気の持続につながります。

point 3つの機会を意識する

当番活動・係活動は，いつも目の届くところで行われるわけではないので，個別の声かけの機会を見つけにくいものです。そこで，「はじめ」「中」「おわり」の3度の機会を意識しておくと，個別に声をかけるタイミングがつかめます。

例えば，休み時間に黒板を消す仕事をする子には，授業が終わる時に，「○○くん，黒板，よろしくね」と声をかけることで，自分の仕事を忘れずにすみます。また，仕事をしている最中に，「いつも助かるね」や「今日もがんばっているね」と声をかけてあげれば，意欲を持続させることができます。さらに，仕事が終わった後に，「○○くんのおかげで，気持ちよく授業ができるよ」と伝えれば，今後も最後までやりとげようとする気持ちが高まります。特に，おわりの声かけについては，前述の写真4のような仕組みがあるとやりやすいです。 （田中　博司）

【参考文献】
・榊原洋一『図解よくわかる自閉症』ナツメ社，2008
・榊原洋一『図解よくわかるADHD「注意欠陥多動性障害」』ナツメ社，2008

COLUMN
インクルーシブな教育

　「インクルーシブ教育とは何か？」と聞かれれば「障害のある子どもも，ない子どもも共に学ぶ教育だ」と答えることでしょう。それは正しい答えですし，誰もが大切なことだと考えているでしょう。しかし，「一緒にするだけで障害のある子ども一人一人に必要な教育が行えるのか？」と尋ねられたら，みなさんはどう答えるでしょうか。

　この問いを巡る議論は長い間なされてきました。特に，国連で「障害者の権利に関する条約」が採択された2006年以降，当事者や保護者も含めて活発な議論が続きました。その結果，2012年，中央教育審議会初等中等教育分科会は「インクルーシブ教育システムの構築」という用語を使って，今後の教育が目指すべき方向性を投げかけました（「共生社会の形成に向けたインクルーシブ教育システム構築のための特別支援教育の推進（報告）」）。

　報告では「同じ場で共に学ぶことを追求する」とした上で，「その時点で教育的ニーズに最も的確に応える指導を提供できる，多様で柔軟な仕組みを整備することが重要」とも述べて，通級による指導，特別支援学級や特別支援学校を含めた連続性のある「多様な学びの場」を用意することが必要であるとしています。これを実現するのが「インクルーシブ教育システム」であり，「インクルーシブ教育」という理念的な言葉が示すものとは異なっています。

　本書では「インクルーシブな教育」という言葉を使って

COLUMN

います。それは「共に学ぶ教育」と「一人一人に必要な教育」の両方の実現を目指す教育であり、インクルーシブ教育システムの構築と共に実現するものと考えています。

インクルーシブな教育の実現に向けた取り組みは特別なものではなく、日々の教育活動の中に埋め込まれています。

例えば、先生が、「早くできる」ことをほめるとともに「粘り強く取り組める」ことを評価することなどによって、子どもたちに多様な価値観と寛容さが育ちます。その結果、学級に、障害のある子どもも学びやすい環境が整います。

交流及び共同学習で障害のある子どもと学んだ子どもや先生は、「この活動ではこの配慮があれば、あの子と共に学ぶことができる」ことを体験しています。そして、「この活動ができたのだから、これもやってみたい」などと計画し、共に学ぶ機会を増やそうとしているでしょう。

また、就学先決定に関する政令改正（2013年）の趣旨を踏まえ、教育的ニーズの変化によっては、小・中学校に転学することも視野に入れた教育内容や方法を構成する特別支援学校があり、実際に転学する子どもがいます。

インクルーシブな教育は、何をどこまでしたら実現するというものではありませんし、完成形はないかもしれません。しかし、一人一人の先生が、日々「インクルーシブな教育」を意識して試行錯誤を続けることは、教育そのものの質の向上につながります。また、そうした先生の姿を見て育った子どもたちは、インクルーシブな教育の先にある「共生社会」の担い手になることでしょう。（久保山茂樹）

コミュニケーション

第2章 コミュニケーション

❶ 子ども同士の関係づくりのための指導ポイントは？

　体育の時間，ドッジボールの試合が始まる前，子どもたちから「せっかく円陣を組んで盛り上がろうとしているのに，同じチームのAさんがやってくれない」という訴えがありました。状況を確認すると，Aさんは輪から外れて，周りの子たちは，ぶつぶつ文句を言っています。

　Aさんに話を聞くと，「仲の良い友だちでも，肩を触れられるのが嫌なの」と，泣きながら教えてくれました。

　学級全員で円くなって座り，一人一人の最近感じていることや，考えていることを伝え合い，共有する取り組みがありました。しかし，Bさんは，自分の思いをなかなか伝えることができませんでした。周りの子たちは，待たされているので，集中力が切れて，ざわざわし出しました。

　「伝えたくなければ，パスしてもいいよ」と確認していたので，「パスするかい？」と聞きました。でも，Bさんは，首を横に振ります。さらに，「みんなに伝えたいんだね？」と聞くと，首を縦に振りました。

　多くの子にとって当たり前の感覚でも，AさんやBさんのように，そうではない感覚をもつ子がいること。多くの子にとってできて当たり前のことも，できない子がいること。こうした違いは，子どもたち同士の関係をつくるための壁ではありますが，大きなきっかけにもなるのです。

これだけは知っておこう

背景要因1 ☞触れられることに対しての感覚過敏

　Aさんには、「触れられること」自体を嫌がってしまう、感覚過敏がありました。そのため、友人とのつながりの強さにかかわらず、他者に自分の体を触れられることに、強い抵抗感をもっていました。もちろん、私たちも、他者に自分の体を触れられることには、抵抗があります。しかし、そこでは相手との関係性が影響しているので、周囲との軋轢を生むことはあまりありません。

　下学年であるAさんは、自分の抱えている苦しさをうまく表現できず、家庭との連携を通して、それがはっきりしてきました。そして、こうした過敏さは、他の場面でも見られるようになり、例えば、他の子が座った席にも座れなくなっていきました。

背景要因2 ☞思いを言葉にすることに難しさがある

　Bさんは、大人しい子で、自分のことを積極的に話すタイプではありません。下学年であれば緊張や恥ずかしさもあって、「①自分のことを伝えたい②こんなことを伝えたい」というものが頭にあっても、なかなか伝えられません。

　Bさんは、「①自分のことを伝えたい」という気持ちはあるけれど、「②こんなことを伝えたい」というところまで進めることができないようでした。頭の中に浮かんだ伝えたいことを言葉にすることができなかったり、その言葉をどうつなげて伝えたらよいか困ったりしていたのです。

背景要因1 触れられることに対しての感覚過敏

集団への指導スキル

point 理解することは理解されること

子どもたちは、自分と違うところがある他者との関係をつくることに、抵抗感を示します。この「触れられることが嫌」という感覚も、特に下学年の子どもたちにとって、思いもしない感覚であり、自分たちとの大きな違いです。子どもたちがこの違いを受け入れていける指導がまず必要になります。

そのためには、この違いを理解することが大切です。Aさんの了承を得て、学級のみんなに、Aさんが抱えている苦しさを伝えることにしました（Aさんの保護者への確認も、忘れずに行います）。

子どもたちに、次のように伝えます。

> Aさんのように、みんなとは違うところがある友だちのことをみんながわかってあげようとしています。そうすることで、もし自分にも、友だちと違うところがあっても、きっと自分のことも、みんながわかってくれるはずだって思えるよね。それは安心だよね。だから、友だちのことをわかってあげることを大切にしてね。

「理解することは理解されること」なのです。こうした安心感や見通しが、子どもたち同士の関係づくりの第一歩になっていきます。

第2章　コミュニケーション

個別の支援スキル

💡 子どもたち自身が教室の中の多様性を理解する

　「理解すること」が大切だと知った子どもたちは，Aさんに，みんなで円陣を組んで，試合前に盛り上がることについてどう思っているのか聞きたい，と言ってきました。みんなの前では答えづらいかもしれないと考え，Aさんを個別に呼んで聞いてみました。Aさんは，「円陣を組むことはいいことだと思うし，私もみんなのそばにはいたい」という気持ちを伝えてくれました。

　その気持ちを受けて，子どもたちは，Aさんのためにアイデアを出し合いました。

---

① Aさんは，円陣がある時はそばにいて，声だけでも出せるなら，声を出して盛り上げてもらおう。
② Aさんの体に，できるだけ触れないようにしよう。
③ Aさんだけでなく，他の人でも，困ったことがあれば，こっそりでもいいから伝えよう。

　合理的配慮は，基本的に支援者が行います。

　しかし，子どもたち自身が教室の中の多様性を理解し，合理的配慮まで考えることができると，豊かな関わりが生まれてきます。Aさんにとっても，安心感が高まります。集団の力は大きいのです。子どもたちだけで考えることが難しい状況も，もちろんあります。しかし，このように考える場をつくっていこうとすることが大切なのです。

> **背景要因2** 思いを言葉にすることに難しさがある

集団への指導スキル

point 「関わり過ぎ」と「関わられ過ぎ」に留意する

　他の子たちが伝えたことを板書しておくようにしました。Bさんには，その言葉の中から，自分の思いに近い言葉を選び，参考にして，自分の思いを伝えてもらいました。

　子どもたち同士の関係づくりを考えると，周りの子たちも，Bさんが困っていることに気づき，関わっていくことがとても大切です。しかし，留意しなければならないことがあります。子どもたち同士の関係をつくることがゴールではなく，子どもたち同士の関係をつくることで，Bさんを含めた学級の子どもたちが安心して生活できたり，成長できたりすることがゴールなのです。

　①　Bさんに関わり過ぎてしまい，Bさんが力をつけたり，経験を重ねたりする機会を奪っていないか。
　②　Bさんの中に，いつも支えてもらっていることに対して，マイナスの感情がないか。

　Bさんが伝える番になった時に，子どもたちは，黒板に書かれている言葉を矢継ぎ早に投げかけて，Bさんが戸惑う場面もありました。そこで，Bさんも周りの子たちも，みんなが成長できる支え方について，時々振り返るようにします。また，Bさんの気持ちは，定期的に教えてもらうようにします。時には，保護者とも連絡を取り合いながら，Bさんが「関わられ過ぎ」になって，それが負担になっていないかを確認することが大切です。

第2章 コミュニケーション

個別の支援スキル

point 個別の支援は，関係づくりのモデルである

　Bさんは，自分の思いに近い言葉を黒板から選べても，それを話し言葉にして，みんなに伝えるというところでも時間がかかっていました。そこで，Bさんが考えたり，整理したりする時間を保障するために，順番を最後の方にしてほしいことを，私が学級全体に伝えました。

　ただ，もっとBさんに関わり，みんなに伝えることを事前に考えておいた方が効率的だし，Bさんも，もしかしたら，その方が安心するのかもしれません。

　しかし，Bさんの場合は，そこまでせず，自分の順番になったら，なんとか自分の力でみんなに伝えられることを願ったのです。そして，困っている様子があれば，周りの子たちが支えることができるように願ったのです。

　ここで意識していることは，次の３つです。

　①　Bさんがまずは安心して活動に取り組めること
　②　Bさんもがんばれる余地があること
　③　周りの子たちの成長にもつながるものであること

　支援については，事前にBさんや，Bさんの保護者としっかり確認し，Bさんの負担にならないようにします。必要があれば，学級全体にも伝えます。

　Bさんのような子のことをどう理解し，どう関わって，フラットに関係をつくっていけばいいのか。個別の支援は困難を抱えた子も含めた，子どもたち同士の関係づくりの具体的なモデルになるのです。　　　　　　（大野　睦仁）

❷ 思ったことを直ぐに口に出して表現する子どもへの指導ポイントは？

　Aさんは，休み時間に友だちと遊んでいると頻繁にけんかになってしまいます。自分の思い通りにならないとカッとなり，相手に暴言を吐いてしまうのです。鬼ごっこをしている時には，タッチされると「やめろよバカ！」などと大きな声で鬼をしていた子を怒鳴りつけてしまいました。また，ドッジボールをしている時には，ボールを当てられると「当たってないよ！　つまらない！」と言ってボールを放り投げてしまいました。

　Bさんは，相手を嫌な思いにさせる言葉を平気で言ってしまいます。相手が泣いてしまったり，けんかになったりとトラブルが絶えません。友だちが自由帳に描いている絵を見て「なにその顔，変なの」と言ってしまったり，「Cさんは足が遅いね」と言ってしまったりという具合です。先生に対しても「先生，先生ってうちのお母さんより背が低いよ」と授業中に唐突に，大きなはっきりとした声で言ってしまったこともありました。

　AさんやBさんのような，人の気持ちや周りの状況を考えない言動の背景要因として，ADHD（注意欠陥多動性障害）の「衝動性」と，自閉症スペクトラムの「他者の気持ちを読むことの苦手さ」という行動特性が考えられます。

第2章　コミュニケーション

これだけは知っておこう

　自分の気持ちを抑えられず衝動的に言ったり，人の気持ちや場の空気を考慮しない言葉を平気で発したりするなど，思ったことを直ぐに口に出してしまうのは，発達障害の行動特性が影響しているのかもしれません。

背景要因1 ☞ 衝動性

　ADHD（注意欠陥多動性障害）をもつ子どもの中に，衝動的な行動を特徴として示すタイプの子どもがいます。感情をコントロールすることが苦手で，考える前に出し抜けに何かを言ったり，やったりしてしまうのです。手が出てしまう子も少なくありません。思ったことを直ぐに口に出してしまう子どもは，わがままや自分勝手ではなく，この衝動性を行動特性や行動傾向としてもっていることが考えられます。

背景要因2 ☞ 他者の気持ちを読むことの苦手さ

　自閉症スペクトラムの子どもは，人の気持ちを理解したり想像したりすること，場の雰囲気や空気を読むことに苦手さをもっています。人を不快にさせること，場にそぐわないことを平気で言ってしまう子どもはそうした行動特性をもっていることが考えられます。悪気はないのですが，他者の気持ちやその場の空気の理解が困難なのです。

背景要因 1　衝動性

集団への指導スキル

point 言語環境を整える

　乱暴な言葉や侵害的な言葉が飛び交う教室は，ADHDの特性をもつ子の衝動的な暴言を引き出す環境になっているといえます。子ども同士の注意の言葉かけが，強く責めたり非難したりする言い方になっていることも望ましくありません。侵害的な言葉や人を責める言い方は衝動性を特性にもつ子どもにとって刺激となるばかりでなく，モデルになっていることも考えられます。

　したがって，優しく穏やかな言葉が教室にあふれるようにしていくことが重要です。クラスに増やしたい言葉とクラスからなくしたい言葉を確かめ合い，クラスの言語環境の基本ルールをつくるとよいでしょう。

　その上で，クラスの生活上のトラブルを生かして，気になる子も含めた子どもたち全員でルールをつくっていくようにしてみましょう。みんなで楽しく鬼ごっこをするためのルール，笑顔でドッジボールをするためのルールなどです。その際，トラブルの当事者となった子どもを責めるような話し合いにしないことがポイントです。みんなが気持ちよく楽しく活動できるルールづくりが目的になるように働きかけましょう。できたルールは教室に掲示して，適宜参照しながら日常的に働きかけていきます。

第2章 コミュニケーション

個別の支援スキル

○○虫退治作戦

　暴言を吐いたりけんかをしたりしてよくトラブルを起こす子は，叱られる回数も多く，「自分はダメな子だ」と，自己肯定感が低くなりがちです。そこで，本当は人を傷つける言葉を言いたくはない，みんなと仲良くしたいという気持ちを確かめ，悪いのはその子自身ではなく，その子の中にいる「イライラ虫」や「悪口虫」ということにします。

　自分の思い通りにならずその虫が暴れそうなとき，どう静かにさせるかを一緒に考えて「○○虫退治作戦」とします。そして，実際に遊びの場面でどうだったかを一緒に振り返る機会をもちます。失敗して暴言を吐いてしまったら，作戦を実行しようとした姿勢があればそれを認めつつ，作戦の立て直しをします。もしうまくいったら，がんばりを大いに認め，一緒に喜び合えるといいでしょう。

がんばりシール・スタンプ

　よりよい行為をより引き出し，なくしたい行為を減らしていく上で，わかりやすいご褒美としてシールやスタンプが有効です。目標達成の印としてシールやスタンプをノートや台紙にためていくようにします。

　このとき，大切なのは目標をスモールステップで設定していくことと，嫌な言葉を言ってしまったけど言い方を少し優しくできた，というような小さな進歩に注目することです。一歩一歩がんばりを認め，粘り強く勇気づけていきましょう。

背景要因2 他者の気持ちを読むことの苦手さ

集団への指導スキル

point クラスへの説明と協力の要請

　Bさんの人の気持ちを考えないような言動について，クラスの子たちに説明して理解を求めます。その際，「誰にでも得意なことと苦手なことがあるよね」と切り出します。さらに，「Bさんはどんな言葉を言うと相手が嫌な気持ちになるか考えることがちょっと苦手で，ポンと言ってしまうことがあります。でも，人を嫌な気持ちにさせようとは思っていないんです。そして，今そういう言葉を言わないように練習しているところなんです」と説明します。そして，Bさんに嫌な言葉を言われたら「その○○って言葉は嫌だから言わないで」と優しく教えてあげてほしい，とお願いしておきます。ここで，大切なことは協力を要請する他の子どもたちのよいところやがんばり，Bさんへの対応の協力を見逃さず日常的にどしどし認めたり感謝を伝えたりしていくということです。誰もが先生に注目してもらい特別扱いされていると感じられる状態を目指しましょう。

point お互いのよさを認め合う雰囲気づくり

　子ども同士がお互いを認め合い助け合う雰囲気は，気になる子の安心感につながるだけでなく，起きてくるトラブルやけんかを小さく軽いものにします。いいところみつけや感謝を伝え合う活動を定期的に設定し，子ども同士のつながりと安心感のある雰囲気をつくっていきましょう。

個別の支援スキル

言ってはいけない言葉を確かめ合う

他者の気持ちを読むことが苦手な子どもは，どんな言葉で人が嫌な気持ちになるのかを理解することができずに，悪気なく自分の思ったままを言葉にしてしまっています。したがって，先生が幾度となく叱責しても，相手が怒っても，何がいけないのかを理解していないのでは状況は変わらないのです。そこで，言ってはいけない言葉を簡潔な言葉で確認し合います。そして，個別に振り返る機会をもって小さな進歩を認めながら，人の嫌がることを言わずに集団で過ごすスキルを少しずつ高めていくようにします。

適切な言動に注目する

時と場に相応しくない発言に注目しすぎず，その場に即した言動に注目しそれを認めるようにします。その際，教師の対応を本人と確認しておくことが大切です。「関係ない話だったらそれを教えるよ。その後はその話は聞けないからね」と約束したり，「後でできるお話だったら先生が手の平を見せるからね」とサインを決めたりしておきます。

場に即した発言があったときには，見逃すことなく受け止め，大いに認めます。個別にその発言のよさを確認し，共に喜び合うことを積み重ねていきましょう。（生方　直）

【参考文献】

・小西行郎『発達障害の子どもを理解する』集英社，2011
・杉山登志郎『発達障害の子どもたち』講談社，2007
・手塚郁恵『好ましい人間関係を育てるカウンセリング』学事出版，1998

第2章 コミュニケーション

❸ 困っても人に頼れない子どもへの指導ポイントは？

　体育の時間。先生が，隣の人と二人一組になって準備体操をするように指示しました。みんなすぐに隣の人と運動を始めましたが，Aさんは一人でぽつんと立っています。よく見ると，Aさんのお隣の子はお休み。普段はいる子が欠席でいないため，Aさんはどうしていいのかわからないのです。

　そういえば，背の順の並び方が変わった時にも，Aさんはどこに並んでいいかわからずにずっと立っていました。また，給食のフルーツがなかった時も自分から言い出さず，気づいた隣の子に持ってきてもらっていました。

　図工の時間。「くるくる回して」という学習で，作品キットを組み立てていました。Bさんは，厚紙のパーツを切り離そうとしていますが，なかなかうまくできません。見かねた隣の席の子が手伝うべく声をかけましたが，自分でできる，と言って拒否。「できない」「なんだこれ？」と悪態をつきながら取り組むBさん。とうとうパーツは千切れてしまい，Bさんは大泣きしてしまいました。

　人に頼った方がいい場面であるにもかかわらずそれができないのは，どう頼っていいのかがわからないのかもしれません。あるいは，完璧主義であるがゆえに，何でも自分でしたいのかもしれません。

これだけは知っておこう

背景要因1 ☞ 頼り方がわからないから頼れない

困っているのに人に頼れないのは,「困っている」ということをうまく伝えられないのが原因かもしれません。状況を言葉にすることができなかったり,どういう言葉を使って話せばいいのかがわからなかったりする可能性があります。あるいは,どんな順序で話せばよいかがわからないことも考えられます。過去にうまく話せなかったことを笑われたりからかわれたりした経験があると,人に話しかけることに不安や緊張を感じる子もいます。

背景要因2 ☞ 完璧主義だから頼れない

小学校入学間近の子たちには,「自分でできるもん!」と言って,手助けやサポートを嫌う姿が見受けられます。実際には,大人の手を借りたりアドバイスをもらったりして「自分で」するのですが,中には完璧主義ゆえに,手助けを拒絶する子たちがいます。これは,「自分一人で成し遂げたい」という自立の姿とは少し違って,「手助けされる=自分は弱い,ダメだから手助けされる」と認識しているために,自分一人で行いたいのです。その結果うまくできずに怒りや悲しみを爆発させたり,せっかくの親切を攻撃と見なして怒ったりして,周囲を驚かせることがあります。

背景要因1 頼り方がわからないから頼れない

集団への指導スキル

point 知っている人を増やす

　大人でも，知っている人や，より親しい人に声をかけやすいもの。そう考えると，安心して助けを求められるには，教室に「気心の知れた人」がたくさんいることが理想的といえるでしょう。しかし低学年の人間関係は閉鎖的。ですから，意図的に色々な人と関わらせることが大切です。まずは「この人知っているよ」を増やすために，短いスパンで席替えをします。「くじ引き」「教師が意図的に決める」の両方に良さはありますが，偏りなく関わらせたり人への不安や緊張が強い子への配慮を優先させたりすることが可能という意味で，初期は教師が決めるのがよいでしょう。

point 話す場面を増やす

　普段から，子ども同士の関わりを多くもつことも大切です。「好きな果物」「この中で欲しい物」を隣の子と「せーの」で言う活動などは，短時間で簡単に行えます。「二人の答えが同じなら5点」とゲーム的に行うのもおすすめ。

　座席をそのままにして対話するだけでなく，椅子だけ向けて対面して話す場面も設けましょう。対面すると緊張感が高まり，目を合わせて話す練習にもなります。

個別の支援スキル

point 教師がアシストする

　状況をうまく言葉にできないとき，その子はきっともじもじしたり目を泳がせたりしているはずです。泣きそうな

顔をしている子もいるかもしれません。「はっきり言いなさい」「自分から言いなさい」とやってしまえば，その子はますます委縮します。「言いたくても言えない自分」をダメだと感じ，自信を無くしてしまうでしょう。

そんなときは，「もしかして，何か困っている？」と尋ねます。うまく説明できなければ選択肢を示したり，質問したりしながら言葉を引き出します。そして，「～に困っていて，～と言いたかったのだね」と翻訳します。教師が否定せずに最後まで聞くことで安心感が生まれますし，伝え方のモデルを示すことにもなります。やりとりを見た周囲の子には，人を大事にする姿を見せることになります。

◉ 助けを求める言葉を決めておく

「どうしたいか」を自分で言えるようになることが最終ゴールとするなら，助けてほしいという意思表示をするのが入口。「どうしたらいいですか」という依存度の高い言葉も，主体的に助けを求める言葉と捉えることができます。

困ったときは「どうしたらいいですか」と言うことを取り決めとし，言えたことを肯定します。その上で「どうしたい？」と問い，一緒にどうすべきかを考えます。選択肢を示して選ばせることも「自己決定」の練習になります。

集団への指導スキル

◉ 本人の思いを尊重する

親切とお節介は紙一重。困っているから助けてほしい人

と，困っているけど一人で成し遂げたい人もいるのです。困っている人を手助けすることは尊いことですが，それは「助けてほしい」想いと一致するからこそ。お手伝い好きな低学年は張り切って手助けしますが，人によってはそれが嫌な場合があることを教えなくてはなりません。特に，「せっかく助けてあげたのに『触るな！』って怒られた」などの訴えがあるときには，丁寧な説明が必要です。一人一人の思いはそれぞれ違うこと，その違いを尊重することは大切であることを教えることにもつながります。

point 「助け合うのがスタンダード」にする

「お互いさま」「助け合い」が教室のスタンダードになっていると，助けてもらうことのハードルが低くなります。困ったときは誰もが「助けて」と言え，誰かがそれに応える環境の中で，「助けてもらうことは普通のこと，弱いわけでもダメなわけでもない」ことを学んでいきます。

その素地をつくるために，教師が率先して助けてもらう姿を見せていくことも大事です。「助けて」「いいよ」「ありがとう」というあたたかな関わりを見せ，助けてもらってうれしかった，安心したという気持ちを開示します。

個別の支援スキル

point 完璧を止めさせない

「助けてもらう＝弱い，ダメ」と認識する背景には，完璧でありたい（あるいは，完璧であるべきだ）という思い（あるいは，思い込み）があります。それを無理に止めさせようとしても，止めることはできません。本人の意思に

反して手助けしても,「先生は邪魔をした」と捉え,攻撃の対象と見てしまう可能性があります。

　困ったときに助けを求めてもらうには,教師はその子にとって信頼でき,安心できる存在でなくてはなりません。助けたい,助けなきゃと思う場面でも,無遠慮に手を出すのはご法度です。本人の意思を確認し,助け不要と言われたらじっと見守ることも大事な支援と言えます。

point 別な言葉に言い換える

　「助ける」「手伝う」という言葉だけにこだわっている場合もあります。「協力して」「一緒にしよう」など,ストレスのかからない言葉に変換して伝えることも一手です。

point 「助けてもらったら恩返し」を伝える

　助けられてばかりでは,大人でも恐縮したり情けなくなったりするものです。しかし,誰かの幸せに寄与していると実感できたとき,自分も捨てたものじゃないと思えるのではないでしょうか。「助けてもらったら恩返し」を教えることで,補い合って人は生きていることを学ぶでしょう。また,頼る自分と頼られる自分の両方を認識することで,自分への信頼を高められるかもしれません。（宇野　弘恵）

【参考文献】
・田中康雄監修『発達障害の子どもの心と行動がわかる本』西東社,2014
・小野次朗・上野一彦・藤田継道編『よくわかる発達障害』ミネルヴァ書房,2010

第2章　コミュニケーション

❹ ものすごく理屈っぽく，過度の論理的な物言いをする子どもへの指導ポイントは？

　授業での一場面。その子の説明が始まります。その途端，げんなりとする周囲の子どもたちの姿が見られます。

　ずいぶんな早口であれこれ話し始めますが，説明が長く独りよがりなことも多いため，言っていることが周りの子にはよく理解できません。

　先生とのやりとりでも友だちとのやりとりでも，「でも」「だけど」「あなたが間違ってます」「～で，～で，～で」と相手の発言を否定したり，遮ったりしながら，とりとめもなく，話は続きます。猛烈な早口で。

　知的なレベルが高いため，一方的に話をし続けることが可能な一方で，相手の感情を推し量ることが苦手なため，どうしても情緒に訴えるというよりは，理屈で話を進めていこうとしてしまいます。

　また，勝ち負けにこだわりがあるので言い負かそうとします。

　その言い負かす方法が，相手に隙を与えない「早口」と本人なりの「論理的な」物言いなのです。

　やりとりが苦手なのは，話の終わり方に見通しがもちづらく，結局自分のペースでしか話がしづらいからです。

　このようにものすごく理屈っぽく過度な物言いをするのは，発達特性によるものであることがあります。

これだけは知っておこう

ものすごく理屈っぽく過度な物言いをする子どもは，勝ち負けにこだわりがあったり，相手の感情を類推することが苦手ゆえ，そのような言い方になるのかもしれません。

背景要因1 ☞ 勝ち負けにこだわる

その子は，じゃんけんで負けたくらいで激高し，泣くことはありませんか？

勝ち負けにこだわる。言い換えれば，「負けることに対する極度の不安」をもっていると考えられます。

負けた後，自分はどうなってしまうのだろうという不安です。見通しが立っていないとも言えます。

ここでは自分自身の「論」が通らず，相手の論が通ることが本人にとっての負けを意味します。

背景要因2 ☞ 相手の感情が類推しづらい

相手の感情を読むのが苦手なため，そもそも言葉のやりとり，いや言葉そのものよりも感情そのもののやりとりをひどく苦手にしていることがあります。

また，自分の感情も客観的には理解できづらく，事実や理屈にこだわった話を展開してしまうことがあります。

相手が嫌だと感じていても，表情から類推することが苦手なので「気にしない」癖がついている可能性があります。

その一方で，人のマイナスな感情に敏感なところもあるため，相手に「嫌だな」「腹が立つ」などという感情が表れることを「勝った」と捉えてしまうこともあります。

背景要因1 勝ち負けにこだわる

集団への指導スキル

point 特性の理解を進める

その子が「わざとやっている」と捉えている子は多いものです。また,「悪いとわかっていてもどうにも止まらないことがある」ということを教えることは必須です。

そもそも支援をしたからといってその子の特性が無くなるわけでもありませんし,その特性が必ずしも短所とも限りません。

「○○くんは,ゆっくり話すことが苦手なんだよ」

そう伝えることで,周りの子はなんとなく「仕方ないことなんだな」と理解し始めます。

ただし,その対処の仕方も教える必要があります。

point スルーすることを教える

「ああ,この子スイッチ入ってしまった」と思ったら,相手にしないで「ちょっとトイレ」など別の用事を言って,その場を去るということを教えます。

その時に「ごめんごめん」と一言付け足すことで,トラブルになりづらくなることもあります。

なんだか面白くなくなったなと思ったら「ふうん」と言って,その場を去るという方法も考えられます。

要は,相手に正対して過度の反応をしないことを教えるのです。

そして,その方法を教えるのに最も有効なのは,教師がモデルになることです。

第2章 コミュニケーション

個別の支援スキル

point よりよい伝え方を教える

話を聞いた後,「言ってることはわかるんだけどね」とにっこりしながら「もっと良い」別の言い方を提示します。

「こっちの言い方の方がレベルが高い」と伝え,させてみて,「上手だね～」と評価することで,少しずつ別の方法を手に入れさせることができます。

point 失敗に慣れさせる

負けることは苦手なことですが,小さな負けをたくさん経験させることと,負けても環境の変化がないことを体験させることで,少しずつ不安感は少なくなっていきます。

日常的に行うじゃんけんゲームなども有効です。

ここでも教師は子どもたちにとってのモデルの役割を果たします。教師が積極的に間違い,そしてそれを笑い飛ばす姿を見せましょう。そうすることで「負けても大丈夫」だという「見通し」をもたせることができるのです。

point 自分の特性を理解させる

よかれと思ってやっていることも多いのです。間違った成功体験が背景に存在することがあります。

「実はあまりよく思われてないかもしれないね」と伝えた上で,ついつい早口になってしまうこと,一方的にしゃべり続けることは自分の特性だと理解させます。その理解が本人に改善する視点をもたせることにつながります。

ただ,この特性は必ずしも短所とは限りません。話のレベルを上げていくことで長所となる可能性も高いのです。

背景要因2 相手の感情が類推しづらい

集団への指導スキル

point 誰にでも苦手なことがあることを教える

先生がちょっと怖い顔をして「今,先生がどんな気持ちかわかる?」と問うてみましょう。悲しい顔も同様に。

「じゃあ,そういうときはどうしたらいい?」

すっと答えられる子もいれば,そうでない子もいます。

「みんながみんな,相手の気持ちがわかるわけじゃないんだよね」と,ことあるごとに伝えておきます。

そして,普段は大丈夫だけど「スイッチが入るとわかんなくなる」ことがあるということも全体で確認します。

「多かれ少なかれみんな同じようなことがあるよね」

それが次のトラブルの際の理解や指導の布石になります。

point わかりやすい感情表現を教える

感情を「身体化」する練習をします。

例えば,「もうそれ以上話を聞くと嫌な気持ちになる」なら,顔の前で「もう無理」とバッテンを作る。

「しつこいから話を終わってほしい」なら,「簡単に言って」とジェスチャーをつけて言うことにする。

学級全体で揃えてもいいかもしれません。

いきなりではなく,全体に対しての説明と予告が必要です。その子も周りの子も理解し,納得してからスタートする必要があります。

できれば,マイナスの表現ではなく,にっこり笑顔でできそうな感情表現を考えていくといいですね。

個別の支援スキル

視覚的に教える

人の感情を単純な絵に描いて伝えることは有効です。

怒っていること，悲しんでいること，喜んでいること。案外その子は相手の感情に気づいていないかもしれません。

もしかしたら物理的に「涙がこぼれる」とか「けんかになる」という時まで，相手が怒ったり，嫌だったりしていることに気づいていないのかもしれません。

そこで，右のような図を描いて，「○○くんは，こんな感じじゃなかった？」と言うと，「ああ，そうか。怒ってたんだ」と気づくことがあります。

話の途中で，怒ってるよ〜と絵で示すことも有効です。

ストーリーで伝える

言い負かした後のストーリーを「想像していない」「わかっていない」ことがあります。

一度，ゆっくりとスケッチブックなどに「言い負かした後の相手と自分の気持ち」を簡単な図で書き出してみるといいでしょう。ストーリーで捉えることができると，理解しやすくなることは多いのです。

彼らには勝ち負けに過剰にこだわる面があります。

人の見ていないところでそっと伝えるなどの配慮が必要かもしれません。そしてそのちょっとした配慮によって素直に話を聞けることはよくあることです。　　（南　　惠介）

COLUMN

通級による指導

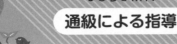

　あなたの学校に，通級指導教室は設置されているでしょうか？　担任するクラスで，通級指導を受けている子はいるでしょうか？　通級指導教室では，どんな指導が行われているかをご存知でしょうか？　この項では，通級による指導についてご紹介したいと思います。

▶通級指導の対象となる子ども

　あなたが担任するクラスに，発音が不明瞭で何を言っているのかわからない子や発表を嫌がる子，言いたいことがうまく伝わらずけんかを繰り返す子やがんばっているのに成績が伸び悩んでいる子はいないでしょうか？　ひょっとすると，その子は，通級指導のニーズがあるのかもしれません。

▶通級指導担当教員の仕事

　通級指導教室では，困りを抱える子どもの状態を観察し，学級担任や保護者に様子を尋ね，効果があると判断した時に指導を開始します。個別指導が中心ですが，少人数でのグループ指導を行う場合もあります。来室した子どもの様子を観察し，必要に応じて検査を実施します。その子の困りの背景要因を分析し，指導計画を立て，効果的な手立てを模索し実施します。指導を通して得られた情報を学級担任と保護者に随時お伝えします。

▶観察者と分析者としての役割

　長期休業明けの子どもと再会した時，「おや？」と思う

ことはありませんか？ 久しぶりに会うからこそ気づくことがあります。同様に，毎日その子と接するわけではない通級指導担当者だからこそ，学級担任や保護者が見過ごしがちな小さな変化や成長を見つけることが可能です。また，一人の子どもとじっくりと向き合うことができるのが通級指導の強みです。指導記録を記し，言動の背景を分析し，適切な指導についての省察を重ねることで，その子のことを深く理解することが可能です。

▶通級指導を上手に活用する

様々な困りを抱える子に丁寧に対応するため，学校現場には，学級担任以外の教員や学習支援員，相談員などの様々な職種の職員が配置されるようになりました。学級担任には，そうした方々を活用する広い意味での学級経営が求められるようになっています。子ども理解の情報源として，あるいは良き相談相手として，通級指導の担当者を上手に活用していただければと思います。

▶共に学び合う連携

通級指導教室は全国で増え続けています。担当する職員が皆，経験豊富なベテランというわけではありません。日々の指導に悩みながら実践を重ねる通級指導担当者も大勢います。学級担任が欲しい情報がなかなか得られない場合もあろうかと思います。しかし，その子を育てたいという思いは一緒です。共に学び合う"同士"として，良い関係を築いていただければと願います。　　　　（高田　保則）

第 **3** 章

生活指導

第3章 生活指導

❶ 特定の子どもや教師への攻撃がある子どもへの指導ポイントは？

　Aさんは，休み時間になると，同じ子とけんかを繰り返します。事情を尋ねると，相手の子が嫌いなわけではなく，むしろ気に入っている様子がうかがえます。またAさんは授業中，担任の先生が説明している最中に頻繁に話しかけてきます。先生は，授業を中断させないために説明を続けました。すると，Aさんは先生のところに歩み寄り，お腹を叩いてきました。

　Bさんは，校庭の遊具で遊んでいる子をいきなり突き飛ばしてしまいました。事情を尋ねると，「アイツがボクのことをいじめたんだもん！」と泣きながら訴えます。しかし，相手の子に心当たりはありません。以前にも，Bさんと突き飛ばされた子の間で似たようなトラブルがありました。また，給食時間，担任の先生は，「たくさん食べましょうね」と，みんなに声をかけました。すると，Bさんは「先生なんて，大嫌いだ！」と突然叫んで食器をひっくり返してしまいました。

　トラブルの経緯を探り，当事者の子たちの信頼関係をつなぐことに，教師は心を砕きます。しかし，AさんやBさんのような子の言動は，すぐには理解できないところがあります。そこで，「お試し行動」と「フラッシュバック」という視点から，特定の子どもや教師への攻撃がある子ど

もの背景要因を読み解いてみます。

> **これだけは知っておこう**
>
> 　特定の子どもや教師への攻撃があり，その理由がわからない子どもは，独特な考え方や感じ方をもっているのかもしれません。
>
> ### 背景要因1 ☞お試し行動
> 　好きな人に「好き」と言えず，わざと意地悪をしたり，失礼な態度をとってしまった経験はありませんか？　それは，相手に自分のことを振り向いてもらいたいからですよね。お気に入りの子や大好きな担任の先生に注目してもらいたくて，大胆な言動に走るタイプの子がいます。小さな悪ふざけやすねた言動に相手が反応してくれると，もっと注目してほしくて，言動がエスカレートしていくのです。
>
> ### 背景要因2 ☞フラッシュバック
> 　過去の大失敗や恥ずかしい経験を突然思い出すことはありませんか？　大抵は，自分の胸の内に留めておきますよね。しかし，過去の嫌な体験を鮮明に思い出して，それが目の前の状況と結びついてしまうタイプの子がいます。友だちとトラブルになったことや，去年給食を無理に食べさせられたことなどを突然思い出して，突飛な行動に走ってしまうのです。

背景要因1 お試し行動

集団への指導スキル

point 全体への目配りを意識する

お試し行動は,その子の不安や欲求不満が積み重なり,自分に注目してほしいという思いとなって現れたものです。例えば,クラス全体に説明や指示をしている時,一人一人に目配せをしながら話しかけると,子どもは自分にも注目してくれていると安心します。

point 教師が期待する適切な言動を示す

お試し行動は,不適切な言動を子どもが誤って学んだ結果でもあります。一方,クラスの中には,教師が期待する適切な言動をする子がいます。例えば,困っている子を助けたり,質問があれば挙手をするなど適切な学習態度で授業に臨む子がいます。そうした行為をほめ続けることで,子どもは教師が何を期待しているのかを感じるのです。

point 教師の対応の仕方が集団のルールを定着させる

お試し行動をしている子への教師の反応の仕方に,周囲の子も注目しています。例えば授業中の立ち歩きに,教師が過度に関わってしまうと,新たな"お試し行動予備軍"が現れます。教師が求める適切な言動を丁寧に伝え続けることで,子どもたちは集団の規律を学ぶのです。

個別の支援スキル

point 関わりの主導権をにぎる

お試し行動をすることで,子どもは自分に注目してもらえるという"ご褒美"をもらえます。ならば教師は,先手

を打って関わればいいのです。例えば、「○○さん、何か困っていることはないですか？」と対象の子に声かけをします。子どもは自分を見てくれていると感じて安心します。

^{point} 適切な言動を教える

お試し行動が出たときは、穏やかに否定し、期待する言動を示します。例えば、休み時間にけんかが起きたとき、「Aさん、遊んでほしいときは、『○○ちゃん、一緒に遊ぼう』と誘うんだよ」と、教師が期待する適切な言動を具体的に示すのです。

^{point} 適切な言動ができたことをほめる

お試し行動を適切な言動に変えていくアプローチをします。「Aさん、○○さんと上手に遊べたね」と適切な言動が示された場面を見つけて、認めることを丁寧に繰り返します。他の子との関係も良好になりますので、対象の子にとっても居心地がよくなるのです。また、お試し行動が出なかったことをほめることも大切です。「Aさん、1時間立ち歩かないでお勉強ができたね」と、自制できたがんばりを認めてあげましょう。

背景要因2　フラッシュバック

集団への指導スキル

^{point} フラッシュバックの価値づけをする

フラッシュバックは、本人の意思では制御できない状態です。その子を教師が困った子と捉えてしまうと、周囲の子の関わり方も冷たいものになってしまいます。教師の冷

静な振る舞いが，周囲の子のモデルになることを意識したいものです。

🚩 その子のフラッシュバックの特徴を把握する

フラッシュバックが起きる状況や頻度などを観察すると，それを誘発する要因をつかみ，起きにくい環境を工夫することができます。その子が穏やかに落ち着いて過ごすことができるように，座席の位置を変えたり，学習内容や活動時間をクラス全体に丁寧に予告して説明するなどの具体的な対応策を実施することができます。

🚩 指導の限界を意識する

一方，フラッシュバックの頻度が増え，言動がエスカレートしてしまうと，その子自身も周りの子も辛い思いをすることになります。家庭や児童館など，学校以外の場所でも激しく攻撃的なフラッシュバックが繰り返されているようでしたら，学校だけでの対応は難しくなります。保護者との間で，その子の困りを共有することを心がけ，管理職や周囲の職員へ早めに相談しましょう。

(個別の支援スキル)

🚩 トラブルはその場で対処して解決を目指す

過去の嫌な出来事を思い出すことで起きるフラッシュバックは，容易に改善できるものではありません。嫌な記憶は払拭できないからです。しかし，将来起きるかもしれないフラッシュバックの誘因を取り除くことはできます。それは，トラブルが起きたときに，なるべくその場で対処し，本人が納得できるように解決することです。時間を置いて

改めて事情を聞くと、嫌な記憶が残ってしまうのです。状況を丁寧に言葉で再現し、その子が納得いくまで説明します。それを繰り返すのです。その子が学校を卒業し、社会に出るまでに、自分で対応する力を身につけるという長期戦の指導を意識いただければと思います。そうした関わりを、次の担任の先生に引き継いでいくのです。

^{point} 落ち着くための方法を用意し自己決定を促す

　フラッシュバックが起きたときは、静かで刺激の少ない場所があると、気持ちが落ち着く子が多いようです。実は、フラッシュバックを起こす子どもは、自らの経験の中で落ち着く方法を身につけています。子どもと契約を交わすのです。普段の気分転換の方法を子どもに尋ね、落ち着かなくなったときに学校で可能な対処方法を相談し、決めておきます。具体的には、「静かな空き教室で過ごす」「周りが見えない教師用机の下に潜り込む」などで気分転換をしている子がいます。その子と周囲の折り合いが可能な方法を探っていきたいものです。

(高田　保則)

【参考文献】
・川上康則『〈発達のつまずき〉から読み解く支援アプローチ』学苑社，2010
・杉山登志郎・原仁『特別支援教育のための精神・神経医学』学研，2003

❷ 絶対に謝罪しない子どもへの指導ポイントは？

　Aさんは，休み時間にみんなでドッジボールをしていました。なんとか相手チームに勝とうと，力いっぱいボールを投げました。すると，そのボールが友だちの顔に当たってしまいました。びっくりしたのと痛いのとで，その子は泣いています。周りの子たちがAさんに謝罪を促しましたが，「ちゃんとよけない向こうが悪い」と知らんぷり。そういえば，先日，つまずいて前にいた子にぶつかってしまった時も「ごめんなさい」を言いませんでした。

　Bさんは，授業中，消しゴムを使おうとしましたが見当たりません。そこで隣の席の子の消しゴムを黙って借りました。それを見た隣の子が，勝手に使わないでほしいと言いました。Bさんは

「消しゴムがないんだから仕方ないじゃん！けち！」
と言って，消しゴムを二つに折ってしまいました。事情を聴いた教師が「謝りなさい」と言っても，Bさんはふくれて何も言いませんでした。

　「ごめんなさい」は，自分の非がわかった時に言える言葉です。謝罪をしないのは，わざとじゃないから謝らなくてもよいと認識しているからかもしれません。あるいは，自分の非がわかってはいても，素直に「ごめんなさい」を言いたくない「何か」があるのかもしれません。

これだけは知っておこう

背景要因1 ☞「ごめんね＝悪い子」

謝罪とは、過失や罪を謝ることです（沖森卓也・中村幸弘編『ベネッセ表現読解国語辞典』ベネッセコーポレーション，2003）。しかし、「ごめんなさい」は悪いこと（罪）をしたときにだけ使う言葉であるとし、わざとではないが嫌な思いをさせてしまった場合（過失）は、謝る必要がないと認識していることがあります。「謝る＝悪いことをした＝自分は悪い子」と考えていることもあり、謝るという行為だけを要求することにあまり意味がありません。過失であっても、謝ることで人間関係が円滑になることを伝えることが必要です。

背景要因2 ☞「だって＝自己防衛」

「言い分」に耳を傾けてみると、正論であるか否かは別として、その子なりの主張が隠れている場合があります。「そんなの理由にならない」「だからといって、消しゴム折っちゃダメ」と言いたくなるところですが、「だって」「でも」の部分にその子の思いがあるものです。もしかしたら、言い分を聞いてもらえずに一方的に叱られた、言い分を否定されて余計に怒られたなどの経験があるのかもしれません。あるいは、普段から主張が受け入れられない不満があるから、「言い分」にこだわるのかもしれません。「だって」の奥にある思いに目を向けることが第一歩だと考えます。

背景要因 1 「ごめんね＝悪い子」

集団への指導スキル

point 認識を揃える

ドッジボールの事例を，低学年は次のように捉えます。
①きっと故意だ。だから悪い。謝るべきだ。
②故意かどうかは別として泣かせたから悪い。謝るべきだ。
③故意じゃないけれど，泣かせたから悪い。謝るべきだ。
④不快な思いをさせてしまったときには謝った方がよい。

　大人は故意でなくても謝罪を求めます。しかし，周りの子の認識は①〜③のようにばらばら。ただ謝罪を促すと，「先生もＡさんが悪いと思っている」となり，Ａさんは人を泣かせた悪い子，謝らないダメな子として評価されるかもしれません。「泣かせたから悪い」ではなく，故意ではないけど泣かせてしまったという事実を共有します。

point 「謝らない悪い子」とさせない

　「真剣勝負だから顔に当たることもある」「当たっても気づかないこともある」「ちょっとだからいいと思うこともある」と想像させ，謝らないのは悪い子だからと誤認しないようにします。その上で故意でなくても謝るべきという指導をしますが，全体では控えます。謝らないのは個別の問題。１対１で行うことが基本。「謝られなかった側だったら？」とシミュレートしてみるのも一手です。

個別の支援スキル

point 「ごめんね」の意味を教える

　「ごめんね」には「私が悪かった」という他に，「わざと

じゃないよ」という意味もあることを教えます。
《step1　こんなこと，ないかな？》
・急いでかばんを置こうとしたら，前の人にぶつかった。
・水道をひねりすぎて，水が飛び出して人にかかった。
・手が滑って，隣の席の人の教科書を落とした。
→これって，誰でもしちゃうことあるよね。わざとじゃないけど人に嫌な思いをさせてしまうこと，あるよね。
《step2　こんなとき，どう思う？》
・誰かがかばんをぶつけてきた。何するんだ！と思って振り向いたら，「ごめんね，ぶつかっちゃった」って言われた。どんな気持ちになると思う？
→「ごめんね」って言われたら，わざとじゃないんだってわかるから，嫌な気持ちにならず，けんかにならないね。

point アドバイスやフォローを繰り返す

「ごめんなさいは，悪意がないことを伝える言葉」と理解しても，すぐにできるわけではありません。言うべき場面でアドバイスしたり，言えなかったときにフォローしたりすることが大切です。そして，「ごめんね」が言えたときは教師が共に喜ぶことで行動が強化されたり，がんばれたという自信がついたりするでしょう。

背景要因2　「だって＝自己防衛」

集団への指導スキル

point 野次馬を育てない

　Bさんの事例は，個別の問題であって全体で指導すべき

ことではありません。謝る，謝らないという問題もあくまでも当事者同士のことです。そうでありながら，低学年は，自分と同化させてBさんを責めてしまうことがあります。

「Bさんが，○○さんの消しゴムを勝手に使った」

「Bさんが悪いのに，謝らない」

事実はそうなのですが，当事者でない子がBさんの行為を責め立てるのは野次馬と同じです。無責任な批判はBさんを孤立させるだけでなく，Bさん自身の自己肯定感を下げることにもつながります。そうならないためにも，個別の問題を全体に知らしめるような指導は慎まねばなりません。この場合は，Bさんを個別にそっと呼び，「黙って使った」「折った」事実を端的に指導するのが望ましいです。

^{point} 待ってあげられる集団にする

誰にだって素直になれないときがあります。謝らねばならないのはわかってもできないということもあります。周囲の子にも，こうした経験をもつ子もいるはずです。

そうした話題に触れながら，「謝らない＝悪い子」ではなく，「今は謝れないだけ」という見方を教えるのは教師の役割。「謝らない」のではなく「謝れない」，「今はできないけど，後からできるかもしれない」という好意的な捉え方を教師が広めていくようにします。

個別の支援スキル

^{point} 行為と感情を分けて整理する

時系列で図式化しながら行為を聞き，次にその時の感情を赤で書き足します。行為と感情を分けて記すことで，自

分を客観視することができます。

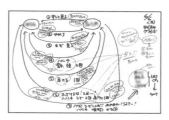

「勝手に使わないでって言われて,腹が立ったのだね」「本当は消しゴムを折るつもりじゃなかったのだね」などと,冷静に確認していきます。

このように,「だって」「でも」に当たる感情を受容することで,子どもは自分の主張を受け入れてもらえた,わかってもらえたと満足します。否定せず,肯定的に見てもらっているという安心や信頼があれば,やがて行為のまずさにも目を向けられるようになるでしょう。「ごめんなさい」は,その先に出てくる言葉なのです。

point どうしても言えないときは代弁する

自分が悪いと思っても,プライドが邪魔したり,相手との関係性がよくなかったりすると,どうしても謝れないことがあります。そんなときは,相手の子に「Bさんは,悪いと思っているのだけど,今はどうしてもごめんねって言えないのだって。Bさんの気持ちを先生が代わりに伝えるね。ごめんね」と話します。

こうすることで「一緒に謝ることができた」と自信をもったり,「先生は気持ちをわかってくれた」と実感したりすることができるでしょう。　　　　　　　　　　（宇野　弘恵）

【参考文献】
・田中康雄監修『発達障害の子どもの心と行動がわかる本』西東社, 2014
・一松麻実子『人と関わる力を伸ばす』鈴木出版, 2002

第3章　生活指導

❸ 次の見通しがもてない場面での不安が大きい子どもへの指導ポイントは？

　生活科の学習で，1年生を案内して学校探検をすることになりました。予定を発表してからもAくんは，
　「先生，いつ学校探検しますか」
と何度も聞いてきました。学校探検が楽しみで待ちきれないのです。それが，学校探検の準備をしている時に
　「ぼくにはできない！　やっぱりしない」
と泣いて，みんなの輪から出ていきました。

　図画工作の時間に，自分の好きなものを絵に描いたことがありました。多くの子どもたちが，楽しそうに絵を描いている中，Bくんは，絵を描こうとしません。
　「やりたくない！　絵は描かない！」
と怒ったように言って，机に突っ伏してしまいました。周りの子どもたちに聞くと，けんかやトラブルがあったわけではないようです。Bくんに優しく尋ねると，1年生の時に一生懸命描いた絵を友だちから下手と言われたことがあると教えてくれました。

　AくんやBくんのような行動を教室で見かけることはないでしょうか。このような行動を子どもたちのわがままと捉えず，「見通しをもつ困難さ」と「マイナス体験」という視点から，その背景要因を読み解いてみます。

これだけは知っておこう

背景要因1 ☞ 見通しをもつ困難さ

　自閉症スペクトラムがある子どもは，物事の順序を理解したり，時間的な見通しをもったりすることが苦手な傾向にあります。つまり，見通しをもつこと自体に難しさがあるのです。そして，予測できないことや，新しい人や場面に対する不安がとても大きいという面ももっています。

　また，聞いて理解する力（聴覚的理解）より，見て理解する力（視覚的理解）が優れているため，言葉での指導よりも，目で見て理解させる指導の方が効果的な場合が多いです。指導に当たって，文字，記号やシンボル，絵やイラストのどういったものを使うのかは，子どもの様子を観察したり，子どもと相談したりしながら，その子どもに合ったものを見つけていくことが大切です。

背景要因2 ☞ マイナス体験

　これまでに失敗したり，馬鹿にされたりしたことが，心に刻まれている子どもがいます。ちょっとしたきっかけから，本人がそう思い込んでいる場合も少なくありません。こうした子どもは，自分は上手にできないと思い込み，嫌な思いを繰り返したくないがために，似たような場面を避けようとすることがあります。

背景要因 1　見通しをもつ困難さ

集団への指導スキル

☝ 望ましい関わり方を伝える

　まず大切なことは，本人について学級のみんなに知ってもらうことです。トラブルなどがあった時ではなく，何もない時に説明するのがよいでしょう。

　子どもたちに説明する際は，保護者や本人の了解をとっておくようにします。説明することの意味や価値，方法や具体的内容について確認しておくことはとても大切です。

　また，周りの子どもたちが，どう行動したらよいのかがわかるように説明することも忘れないようにしましょう。

☝ 行動の意味を通訳する

　何かトラブルがあったとき，教師が何もしなければ，子どもたちは，その子の行動を自分なりに解釈します。それが間違った解釈になることも少なくありません。そこで，その子の行動の意味や背景を子どもにわかりやすい言葉で通訳するようにしましょう。例えば，

「1年生と一緒に，上手に学校探検ができるか心配になって，心がいっぱいになっちゃったみたいです。ずるして廊下に行っているわけではありません。Aくんが，心配な気持ちでいることをわかってくださいね」

といった感じで話します。

個別の支援スキル

point 本人にインタビューする

子どもがどこに不安を感じているのか,「どうしたの？」「心配なことがあるんでしょ？」と話しかけ,確認するのがよいでしょう。叱られると勘違いしないように,落ち着くのを待って優しく穏やかに話しかけるようにします。

point 教師と一緒にやってみる

一度やってみると,本人ができると感じることもあります。休み時間や放課後の時間などを使って,教師と一緒にやってみましょう。そして,終わった後に
「今日先生と一緒にできたから,きっと大丈夫だよ」
と,本人がうまくいった,次もできそうだと思えるような言葉をかけるようにします。

point 参加の仕方にオプションをつくる

最初から最後まで,他の子と同じようにするというのが無理な場合は,参加のオプションをつくりましょう。学校探検では,次のような選択肢を提示しました。
○グループでして,できなくなったら戻ってくる
○グループで行くけど,その後ろから先生がついて行く
○今回はグループでするのをやめて,先生と一緒にする

大切なことは,本人が自分で選ぶようにすることです。活動の後には,自分が選んだ方法でがんばったことに対して,プラスの評価を伝えるようにします。

背景要因2　マイナス体験

集団への指導スキル

point 「みんなのやくそく」を考える

　絵や習字，歌やリコーダー，運動などは，苦手なことを隠すのが難しいです。そして，子どもたちは，ちょっとした一言に，大きく心が傷ついてしまうことがあります。そこで，こうした活動のときは，子どもたちが安心して取り組めるように，「みんなのやくそく」を考えるといいです。

　「この教室のみんなが安心して楽しく絵を描けるようにするには，どんなことに気をつけたらいいかな」と，子どもたちにアイデアを出してもらいましょう。子どもたちの発言のいくつかを黒板に書いてから活動に取り組みます。

point 望ましい行動に言葉をかける

　「みんなのやくそく」に関わることを意識して行動している子どもたちに，

　「ありがとう。そういう言葉があるとみんなが安心できるしやる気も出るね」と，周りの子どもにも聞こえるように話して伝えましょう。そして，活動が終わった後に，

　「みんなで決めたことが守れた人は，拍手をしましょう」と自分たちを振り返る場をつくるようにします。子どもたちが「みんなのやくそく」を守る心地よさを感じられるように意識して言葉がけするのがポイントです。

個別の支援スキル

point 本人に見えるように伝える

　失敗するかもしれないという不安が大きい子どもには，

とにかく力強く勇気づけることが大切です。ただ，教師の言葉だけでは，不十分なこともあります。言葉は見えないからです。そこで，目に見える形でも伝えるようにします。

例えば，「みんなで決めたことを守って，笑顔で絵が描けるようにがんばるぞという人は手を挙げましょう」と，みんなが手を挙げている姿を見せます。それから「ほら，きっと大丈夫だからがんばってみない？」と話すのです。

また，活動の後には，がんばった様子をみんなに伝え，「完成はしなかったけど，最後まで一生懸命がんばったんだよ。すごいでしょ？」と，拍手でお祝いするのもよいでしょう。

このように，見える形で伝えるのも一つのポイントです。

point 本人なりのゴールを決める

子どもと相談しながら，その子なりのゴールをつくることも大切です。何ができたら○なのかということです。絵であれば，「友だちが描くのを見てまわる」「先生と一緒に描く」「友だちに手伝ってもらいながら描く」などが考えられます。活動の後，子どもが，自分はできたと感じられることが大切です。　　　　　　　　　　　　　　　（神吉　満）

【参考文献】
・服巻繁監修，藤田理恵子・和田恵子編著『自閉症の子どもたちの生活を支える』エンパワメント研究所，2008
・平澤紀子『応用行動分析学から学ぶ 子ども観察力＆支援力養成ガイド』学研，2010

第3章 生活指導

❹ 忘れ物が多かったり，指示等をすぐに忘れてしまう子どもへの指導ポイントは？

「Aさん！　何度言ったらわかるの！」「Aさん，前も同じ注意しましたよ！」

教室ではしばしば特定の子に対する教師の厳しい声が聞こえることがあります。

Aさんは教科書やノートなど，家から持ってくる物を忘れてしまう。次に何をするかを全体に伝えると，Aさんだけいつも聞いていない。Aさんのような特徴のある子を，一度は見たり聞いたりしたことがあるでしょう。教科書を忘れたから隣の子にノートを借りる。指示を聞いていなかったから行動が一人遅れる。Aさんの問題によって，学級みんなに迷惑がかかってしまいます。しかし，Aさんのような子どもに対して教師の注意や叱責を増やしても，問題が改善することはありません。逆に，教師とAさんの関係が悪化し，ネガティブな関わりが増えてしまいます。その結果として，Aさんのもつ課題による問題だけでなく，教師への反発も加わって問題の起きる頻度はより多くなってしまいます。

そこで，「記憶力」と「注意力」という視点から，忘れ物が多かったり，指示等をすぐに忘れてしまう子どもの背景要因を読み解いていきましょう。

第3章　生活指導

これだけは知っておこう

　忘れ物が多かったり，指示等をすぐに忘れてしまうことを改善していくために，記憶力と注意力を理解しましょう。

背景要因1 ☞ 記憶をとどめておくことができない

　教師の発言や指示をすぐに忘れてしまう。これは記憶力の問題が考えられます。「教科書を出して」や「次のチャイムで整列します」というような，次の場面への指示に従うための記憶は短期記憶と呼ばれます。短期記憶として定着するためには，子ども本人が意識し，その指示に対して注意を向けることが必要です。

　また短期記憶が習慣化し，子どもの中で長期的，日常的な意識・注意となった記憶は，長期記憶と呼ばれます。教師から指示されなくても，給食準備を忘れずにできる。これは短期記憶が習慣化された長期記憶の一つです。

背景要因2 ☞ 注意力を持続させることができない

　同じ注意を何度も受ける。これは注意力の問題が考えられます。次に何をすべきかをわかっているのに，その行動ができない。宿題をやったのに，かばんに入れるのを忘れる。このように注意力が持続しないことによって，問題が生じてしまいます。

背景要因1 記憶をとどめておくことができない

集団への指導スキル

point 簡潔な指示にする

「次の時間はまずテストを行うので、机をテスト隊形にしてください。そしてテストを集めた後に、昨日の宿題を机の上に出してください……」

このように、一度の指示でたくさんのことを伝えると、子どもはすべての内容を理解することはできません。教師は指示する内容を理解していますが、子どもはその指示をイメージすることができません。一つの手順ずつ、短く簡潔な指示を心がけることが大切です。

point 手順を示す

簡潔な指示と同時に、できる限り指示は板書等で示しながら行うことが大切です。視覚的に指示を示すことで、子どもが聞き逃した際には、その板書が救いとなって、行動を実行することができます。

point 子ども同士の声かけを促す

教師が子どもに対してどのように対応しよう、と一人で苦慮するのではなく、学級の子どもというリソース（資源）を活用しましょう。子ども同士の声かけを促すことによって、課題を抱える子の記憶力をカバーするのです。優しい声かけが実現できるよう、声かけ表の掲示も有効です。

個別の支援スキル

point 指示の方法をいつも同じにする

課題をもつ子どもが、安定して教師の指示に従えるよう

行動していくためには，教師の指示がいつも安定していることが大切です。いつもと同じ場所に板書し，同じ書体を心がけることで，指示を忘れてしまった場合も思い出すことができます。

🐦point 指示を忘れた場合の対応を指導する

指示の方法を教師の中で統一できれば，それを子どもとともに共有しましょう。「先生はいつもこうやって指示を出します」「忘れてしまった場合は，黒板の○○の部分を見て，自分で思い出してね」と子どもと話し合います。"忘れる"ということを許容して対応してくれることに，子どもは安心感をもつでしょう。

🐦point できた経験をほめる

物を忘れやすい，注意を何度も受けてしまう子どもは，「先生は私ばっかり注意する」と，教師からの関わりをネガティブにとってしまい，教師との関係が悪化する場合があります。それを防ぐために，積極的に教師から，できている場面，忘れなかった場面に注目して，しっかりと称賛しましょう。子どもを励ましながら，自尊心と自己有用感を高めて課題を克服します。

背景要因2 注意力を持続させることができない

集団への指導スキル

🐦point モニターを使った指示

現在の教室には，黒板と机だけでなく，様々なツールが導入されています。その一つに，電子黒板があります。こ

の電子黒板のモニター（またはスクリーン）は，子どもの注意力に対して，課題克服の大きなツールとなります。私は指示する際，パワーポイントを常に活用し，スライドの文字または背景が点滅する設定をしています。これにより，子どもが確実に注目できる指示ツールとなります。

˚point タイマー・ストップウォッチを活用する

注意力を高めるもう一つの教師のスキルとして，時間を限定するということがあります。「今から○○秒で4列に整列します」と，その時間はその指示のことに全力で取り組み，注意力を持続させます。また，「前は45秒でできたから，今日は30秒でできるかな!?」というように盛り上げ，子どものモチベーションを高めます。注意力は子どもの気持ちと大きく関係しますが，みんなで取り組む，という仲間同士のあたたかいプレッシャーを活用して，自分もがんばらないといけない，という気持ちを高めます。

時間を意識するために，時間をグラフ化することも有効です。グラフによって，自分のがんばりがみんなのメリット（有効な時間）になるという成功経験をもたせます。

個別の支援スキル

˚point 忘れることを責めない

記憶力の場合と同じく，注意力に課題のある子どもは，「どうしてぼくは，私は……」と課題を抱え込みやすいものです。教師から一言，「忘れることもあるよ」と言ってあげることで，気持ちはとても楽になるでしょう。注意力を支援する場合，子どもの気持ち・モチベーションが大き

く影響しますので，教師との関係構築が重要です。

◆point バディーシステムを導入する

　子ども個人を支援するために，教師ができることには限界があります。また，注意力というような，日常の中で常に意識しなければならないことについて，教師を支援者とするだけでは，問題解決は難しいものです。そこで，ここでは二人組の子どもからなるバディーを学級でつくっておき，日常の注意しなければならないことに声を掛け合うようにしておきます。教師はバディーに対して，「声を掛けてくれてありがとう」や「○○さんのおかげで気をつけることができたね」というように，声かけを尊重する指導を心がけることで，子ども同士の関わりは促進されます。

◆point 実行できたことを記録する

　子どもの課題や問題に対して教師があまりに着目しすぎると，子どもへの声かけもネガティブになっていきます。そこで，子どものできた回数や日数を記録し，できたことに着目して，ポジティブな声かけをしましょう。

（松山　康成）

【参考文献】
・司馬理英子監修『ADHD注意欠陥・多動性障害の本』主婦の友社，2009
・小笠原恵編著『段階別でわかる！発達が気になる子のやる気を引きだす指導法：応用行動分析（ABA）にもとづく適応行動の身につけ方』中央法規出版，2016

❺ モノの整理ができずに持ち物等が混乱している子どもへの指導ポイントは？

　Aくんは，授業中に使おうと思った物をどこに置いたかわからなくなります。筆箱の中にしまったはずの定規が見当たらない。前の授業で使ったはずの下敷きが見つからない。机の中に入れたはずの筆箱がない。あるはずの物が見つからなくて困っている姿がよく見られます。次の授業の準備をする時には，「ない。ない」と机の中の物を全部出して探しまわります。机の中，道具箱の中と隙間に押し込み，入りきらないものは，手提げかばんに入れているので，一見，Aくんの周りは片付いているようにも見えます。しかし，どこに何を置いているのかは，わからなくなっています。また，授業中使っていた鉛筆や消しゴムが床に落ちても気がつかず，そのままだったり，気がついて探してもすぐに見つからないとあきらめて，他の物を使ったりすることがあります。教室移動をした場合，持ち帰るのを忘れてしまうこともあります。Aくんの場合，目の前からなくなれば片付いていると思い込んでいるということが考えられます。だから，使いたいものがすぐに見つからなかったり，なくなったりします（片付け方のイメージがもてない）。また，片付けようとしても，友だちのしていることや他のことが気になって，片付けから意識がそれてしまうという姿も見られます（不注意・注意集中の困難さ）。

これだけは知っておこう

片づけが苦手な子どもたちは、自分ではどうしてもうまく整理ができず、困っているのかもしれません。少し視点を変えて子どもたちを見て、支援の仕方を模索していくことが必要になってきます。

背景要因1 ☞ 片付け方のイメージがもてない

どこに片付ければよいのか、どのような手順をふんで整理していけば片付くのか段取りがイメージできないということです。片付ける場所を自分で考えたり、それを順序よく実行したりすることが苦手なだけでなく、「片付けをする」という発想そのものが出てこない場合があります。そのような場合は、「片付けをしなさい」といくら言っても、何をどうすればよいのかわからず、混乱してしまいます。

背景要因2 ☞ 不注意・注意集中の困難さ

「ADHD傾向がある子どもたちは、目の前の出来事に反射的に感情のまま反応するので、結果を考えて行動することが難しい」とされています。様々な情報を利用して自分の要求や行動を抑制する機能がうまく働かず、今、やるべきことではなく、今やりたいことを選んで実行してしまうことがあります。また、集中が続きにくく、一つのことを成し遂げるのにずっと多くの時間と努力を要することがあります。そのような特性があるので、片付けをしていても、気が散って、途中やめになったり、物が落ちたりなくなったりしてもなかなか気づきにくいということもあります。

背景要因 1　片付け方のイメージがもてない

集団への指導スキル

point 教室全体の物の置き場をはっきり決めて，明示しておく

　学級全体で物の置き場所をきちんと決めておきます。場合によっては，片付いた状態を写真に撮って貼っておくとよくわかる場合もあります。

　個人のロッカーの中に入れる物，ロッカーの中の整理の仕方を決めて，イラストや写真で片付いた状態がどのようなものか示しておくことで，同じようにすればよいということがわかります。また，不要な物がロッカーにあると，すぐわかり片付けさせることができます。ボールなどみんなで使うものは，きちんと置き場をつくっておきます。

point 色分けや，番号シールなどで一目見てわかるようにする

　片付ける物がたくさんあると，どこに何があったかということを記憶にとどめることが苦手な子どもの場合，片付ける意欲もなくなってしまいます。そこで，学級文庫の本も棚によって色分けし，背表紙に色テープを貼っておくなど置き場が一目でわかるように工夫しておくと，片付け場所がわかり元に戻すことができるようになります。学級全体で共有するもの，給食エプロンなども番号ごとに置き場を決めてわかりやすく示すことで，どこにどのように置けばよいのかということがはっきりわかるようになります。個人の水筒なども番号ごとにかごなどに入れておくと探し

やすく,困ることも少なくなります。

(個別の支援スキル)

🎯 一緒に片付けをする

　どのように片付けをすればいいのかわからない子どもにはじめから自分で片付けをしなさいと言っても難しいので,はじめは一緒に,一つ一つ場所を確認しながら片付けをしていくようにします。先生が横について一緒にすることで,確認しながら安心して片付けをすることができます。

🎯 置き場所を決める

　置き場(片付ける場所)がはっきりとわかるようにします。低学年でよく使用する「さんすうセット」は箱の中底に置き場が明示されているので,1年生の児童も間違えずに片付けることができます。例えば,筆箱に入れる場所を決めて一目でわかるようにしたり,教科書やノート・ドリル類は教科ごとにまとめて机に入れ,下敷き,筆箱を上に置くという片付けのルールを決めたりすると,元通りに片付けようとすることができます。

　ロッカーなどに物が増えてくると,整理かごを使って中には何を入れるのかを写真などで示すことで,元に戻すことができるようになります。

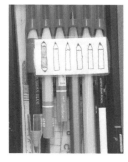

背景要因2 不注意・注意集中の困難さ

集団への指導スキル

point 学級全員で片付ける時間を確保し，習慣化を図る

　教室を集中できる環境に整えることから始めます。

　教室にあるたくさんの物を目にすることで，興味が移ってしまい，「しなければならないこと」に集中できなくなることがあります。教室全体を落ち着いたすっきりとした環境にしておくことで，一つのことに気持ちを向けやすくなることもあります。そのためにも，毎時間授業の最後に，机の中の教科書やノートを片付け，次の学習の準備をして，休憩にするということを全員に指導することで，机の上に前の時間に使った物が出しっぱなしということがなくなります。自分の使った物を元に戻すことは，毎日根気強く繰り返し，習慣づけることで，意識しなくてもできるようになります。

　また，学級で全員が片付けに意識を向ける時間を設定します。帰る前に，教科書やノートをランドセルに入れた後，片付ける時間を設け，曜日ごとにロッカー，机の中，道具箱の中などを整理する時間をつくります。帰りの会に，整頓係が友だちのロッカーの中を確認して，きちんと整頓できている子を紹介するという取り組みをしているクラスもあります。教室が整然と片付いていると，気持ちよいということ，次の活動へ移るのがスムーズだということを学級全体に実感させることが大切です。

第3章　生活指導

個別の支援スキル
すぐに片付けるように習慣づける

　まず，片付けをして次のことを始めるということを指導します。

　朝，登校後，ランドセルの中身の片付け，制服から体操服への着替え，連絡ノートや宿題の提出，とたくさんのことをしなければなりません。これらのことを短い時間に終えられるように，学級全体には「ランドセルの片付け」→「提出物を出す」→「着替え」と大まかに，しなければならないことの順番を黒板に貼って示しています。片付けができにくい児童には，「ランドセルから勉強道具を出す」→「連絡ノート・宿題を前のかごに入れる」→「ランドセルをロッカーに片付ける」……とさらに細分化して示します。しなければならないことが多いので，すべきことを写真に撮って，短い言葉を添えたカードをラミネートしておき，朝，机の上に置いておくようにすると，それを見ながら手順を追って準備をすることができるようになります。

　また，授業後にすることの手順を決めます。まず，前の時間に使った学習用具を片付ける。下敷きは，ノートから外す。そして次の時間の準備をして休憩するという一連の流れが定着するまでは，常に視界に入るように机の端に手順を示したカードを貼っておくことで，多くのものを一つずつ確認しながら片付けることができるようになります。

（月本　直美）

COLUMN
ワーキングメモリ

　ワーキングメモリとは「情報を一時的に覚えておきながら，目的に合わせて取り出し，考える働き」のことです。

　教室の子どもたちも，このワーキングメモリを活用して授業を受けていますが，目や耳から入った情報を一時的に記憶する器の容量や，それらの情報を目的に合わせて取り出し，考える力には個人差があります。

　授業に集中できず，全く関係のないことに気がそれたり，隣の子とおしゃべりをしてしまう子どもがいますが，彼らには「今は何をするための時間なのか」という授業の目的を覚えておくこと自体が困難なのです。

　子ども固有のワーキングメモリが適正に補強されれば，彼らも「目的」を思い出し，学びに集中できます。

　ワーキングメモリを司る機能は，額の後ろの部分，脳の前頭葉にあります。ワーキングメモリの4つの側面とは，以下のようなものです。

▶① **言語的短期記憶**

　言葉や数などの音声情報を覚えておく働き。

→（弱いと）教師の指示をすぐに忘れてしまう。

→九九が覚えられないなど。

▶② **言語性ワーキングメモリ**

　言葉や数などの音声情報を処理しながら保持する働き。

→作文や日記などが書けない。

→文章を読んで，意味を理解することができないなど。

COLUMN

▶③　視空間的短期記憶

　形や位置などの視空間情報を覚えておく働き。

→黒板の字や図をノートに書き写すことが苦手である。

→整理整頓ができないなど。

▶④　視空間性ワーキングメモリ

　形や位置などの視空間情報を処理しながら保持する働き。

→読み飛ばしがある。

→数字の桁を間違えて計算するなど。

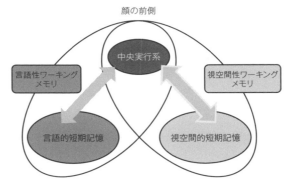

ワーキングメモリのモデル図

　脳の大事な働きには，ワーキングメモリとともに「長期記憶」があります。すでに知っている記憶で，直ぐに消えてなくなるワーキングメモリの働きとは違い，これは考えなくても常に取り出せる，脳に負荷のかからない記憶です。ワーキングメモリに弱さがある子どもへの学習支援や生活支援には，この長期記憶の活用が鍵となります。　　（西　幸代）

【参考文献】
・湯澤正通・湯澤美紀・河村暁編著『ワーキングメモリと特別な支援』北大路書房，2013

第4章

授業

第4章 授業
指導の基礎技術

❶ じっとしておくことが苦手な子どもへの対応ポイントは？

　授業中に教師の話の途中で立ち上がってフラフラしたり，急に授業とは関係ない話をしゃべり出したりする子を見かけます。また，特に周りに迷惑はかけていないけれど，身体を動かしたり周りをキョロキョロ見渡したりするような子も見かけます。

　じっとしておくことが苦手な子は，全体に向けられた口頭での指示や話の場面で動いてしまうことが多いです。例えば，全体朝礼，朝・帰りの会，授業の導入・終末部分など，教師が一方的に話をしてしまうと，10秒程度で席を立ってしまう子どももいます。また，朝から寝不足だったときや，午後の授業，運動会や学習発表会などの行事前で，子どもが疲れているときには，そういった場面は多くなる傾向があります。

　じっとしておくことが苦手な背景には，
〈背景要因１〉
自分をコントロールして我慢する力に関わる部分である脳の前頭葉が充分に働いていない
〈背景要因２〉
子どもにとって話の内容が理解できなかったり，授業に注意を向けたりできない
ことなどが考えられます。

これだけは知っておこう

背景要因1 ☞ 脳の前頭葉の働きが弱い

まず、脳の仕組みについて、説明します。

・「古い脳」(脳幹と大脳辺縁系)
　生きていくために最低限必要な機能(姿勢維持、睡眠、食欲、感情など)

・「新しい脳」(大脳皮質と小脳)
　うまく生きていくための高度な機能(記憶、思考、言語、微細運動など)

そして、前頭葉は「古い脳」と「新しい脳」を統合し、理性を働かせた行動をとるための機能を担っています。じっとしておくためには、前頭葉が働いて、自分をコントロールすることが大切です。通常であれば、この機能は3〜7歳の頃に発達します。しかし、じっとするのが苦手な子はこの前頭葉の働きが弱いことが要因の一つに考えられます。

背景要因2 ☞ 話の内容理解・注意を向けることができない

・授業中に、話の内容を聞き取ったり読み取ったりできていなくて気持ちが途切れてしまう
・周りの刺激(声や音、視覚情報など)が強すぎて注目すべきところに注目できず、じっとできなくなる

ことなども要因に考えられます。

背景要因 1 脳の前頭葉の働きが弱い

集団への指導スキル

　前頭葉の働きが弱く,じっとしておくことが苦手な子どもがいる集団には,次のような指導が考えられます。脳の発達には順序性があり,「古い脳」や「新しい脳」の発達を抜きにして,前頭葉の発達は考えられませんので,以下の順に指導していただければと思います。

point 「古い脳」を働かせる

　家庭と協力して早寝・早起き・朝ごはんといった生活習慣を整えることや,始業前に学級みんなで片足を上げて30秒間キープするといったエクササイズをすることで,古い脳を働かせます。これらにより古い脳が働き,頭が目覚めます。

point 「新しい脳」を働かせる

　子どもと関わる場面で子どもから言葉をたくさん引き出すことで,新しい脳を働かせます。新しい脳は,言語や思考に関する部分なので,子どもが考えて自分の言葉で伝えるようにすることで新しい脳への良い刺激になります。

point 前頭葉を働かせる

　手,足,言葉を使った刺激を繰り返し与えることが,神経回路をしっかり張り巡らせることにつながります。そして,前頭葉が育つことで自己コントロール力がつき,じっとしておくことができるようになります。例えば,授業の前に少しゲームの時間を取り入れ,早口言葉をみんなで言ったり,後出しじゃんけんなど様々な種類のじゃんけんをしたりすることなどが考えられます。

第4章　授業

個別の支援スキル

個と集団で書き分けられない部分もありますが，個別には，主に次のような支援が考えられます。

point「古い脳」を働かせる

常に動き回りたいという感じの子には，休み時間などを使ってトランポリンやバランスボール，ブランコなどの感覚運動といわれる遊びをすることで，古い脳への刺激につながります。それにより，衝動性が抑えられて落ち着きやすい状態になる子もいます。

point「新しい脳」を働かせる

日常の会話で，子どもにできる限り文章で自分の要求を伝えさせることや，大人との会話のときには敬語を使わせるようにします。主語や述語，助詞などを意識的に会話に引き出していくことで，新しい脳への刺激につながります。子どもが言えなくても，教師が正しい言葉遣いを伝えることで耳からも新しい脳への刺激につながります。

point 前頭葉を働かせる

集団への指導の項でも説明したように，手，足，言葉を使った刺激を繰り返し与えることが大切です。休み時間や，集団でゲームをするとき，朝学習の時間などで，箸で豆つまみゲームをしたり，細い紐にビーズ通し競争などをしたりして，手を使うのもよいでしょう。

「何の力を育てるか」という目的をもって意図的に取り組むと効果がアップします。

背景要因2 話の内容理解・注意を向けることができない

集団への指導スキル

　授業中，集団に向けて教師が話をしているとき，じっとしておくことが苦手な子どもの姿が目立つようになります。主に集団に向けて指示するときは，次のような指導が考えられます。

　話す内容を要約して板書しながら話すことで，話を聞くことができるようになる子もいます。目からの情報の方が耳からの情報よりも入りやすい子がいますが，それと同時にどこに注目すればいいかがわかりにくい子どももいます。ライブで板書することで，今何を話しているかに注目しやすくなります。

　また，マインドマップのように話の全体像を示したり，他の単語との関連を矢印や線などで結んで示したりしながら話をすることで，話の全体像をつかむことができ，じっと座って話を聞きやすくなる子もいます。全体像が前に示されていることで，子どもが話を聞き漏らしたときも，前の黒板を見れば今までの話の流れがわかり，集団から逸脱しないですみます。また，音声情報のみで話を聞いているだけでは，話の全体像をつかみにくい場合もあるので，全体像を見せ，話の内容を理解しやすくします。マインドマップについては，Webで「マインドマップ　黒板」等で検索していただけると，例がありますので，そちらもご参考にしてください。

個別の支援スキル

　授業中に支援者がいる場合は，小さなホワイトボードに話の要約をメモして子どもに見せます。集団に向けた話の時点で，じっとしておくことが苦手な子は「自分には関係ないこと」と感じてしまい，動き出してしまうこともあります。先生の話はあなたにも向けられているよと，話の要約をメモして渡すことで，注意を向けることができます。ホワイトボードだと，すぐに書いて消せるので便利です。

　じっとしておく子が苦手な子が気にしている刺激をなるべく減らすようにすることも大切です。教室環境を整えることはよくいわれますが，大切なことは「誰に何を」整えているかということです。この環境を整えることは集団ではなく，個別の支援として捉えてもらえたらと思います。気になる刺激は人によって違います。外の風景，掲示物，友だちの声，苦手な音，匂いなど，どんな状況でじっとできなくなるのか，その時の周囲の様子などにも注意を払う必要があります。その刺激が取り除けるのであれば，席を替える，見えなくなるように布や紙などで隠す，耳栓をしてもよいことにする，教室のスピーカーの音量を下げる，といった支援をするとよいかもしれません。（濵田　曜）

【参考文献】
・成田奈緒子『5歳までに決まる！才能をグングン引き出す脳の鍛え方育て方』すばる舎，2010
・尾崎洋一郎他『高機能自閉症・アスペルガー症候群及びその周辺の子どもたち』同成社，2005
・金子正晃『デジタルマインドマップ超入門』ディスカヴァー・トゥエンティワン，2014

第4章 授業
指導の基礎技術

❷おしゃべりが止められない子どもへの対応ポイントは？

　Aさんは，時と場を選ばずおしゃべりをします。算数の教科書にケーキの挿絵があれば，それをきっかけに
「ケーキ大好き！　この前ね，ケーキ屋さんに行ってね……」
と話し始めます。教師が静かにするように促すとその瞬間はおしゃべりを止めますが，教師の目が離れるとまた話し始めます。給食時間もずっとしゃべっているため，食べ終わるのはいつも最後。しゃべらずに食べるよう言われても，黙って食事をすることは難しいようです。

　Bさんは，授業中，よく独り言を言います。内容は様々ですが，その時に気になっていることをずっと言い続けます。ある時は，「どうして計算間違いをしてしまったのか」についてぶつぶつ言っていましたし，またある時は「大好きなキャラクターの特徴」についてずっと話していました。大きな声で話すわけではありませんが，周りの子にとっては耳触りで迷惑。「静かにしてね」という教師の呼びかけも聴こえているのか，いないのか……。

　こんなとき，多くの教師は静かにするように言います。しかし「わかっていてしない」のではなく「わかっているけどできない」のであれば，注意や叱責は意味をなさないでしょう。行動のコントロールが難しい，こだわりが強く

第4章 授業

てやめられないという視点に立って指導法を考えてみましょう。

これだけは知っておこう

背景要因1 ☞ 行動のコントロールが難しい

じっと座っているのが苦手な子がいるように，しゃべらずに黙っていることが苦手な子がいます。「黙っていよう」「静かにしなきゃ」とわかっていても，自分の意思とは関係なく，勝手に口が動いてしまうのです。よって，叱責や強制は無意味なだけでなく，自尊感情を下げたり教師への反抗心を生んだりしてしまうかもしれません。おしゃべりを我慢させたり罰を与えたりするのではなく，ポジティブな振り返りをしながら習慣づけることが理想です。

背景要因2 ☞ こだわりが強い

「今ここで？」という場面で，延々とおしゃべりをしてしまう子がいます。それはもしかしたら〈こだわりの強さ〉が影響し，話すべき時間や場面ではないことに意識が向かず，ずっとおしゃべりをしてしまっているのかもしれません。思考することにあまりにも集中してしまい，周りの状況が見えないのかもしれません。

そんなとき，もしかすると「気づいたら止められる」のかもしれません。自尊感情を傷つけないように配慮しながら，状況が理解できるような手立てを考えます。

背景要因 1 行動のコントロールが難しい

集団への指導スキル

point おしゃべりしてもいい時間とダメな時間を明示する

しゃべらないためには，「いいかどうか考える」→「先生が話しているからダメだ」→「じゃあ，やめておこう」と思考が働きます。多くは瞬時に無意識のうちに判断しますが，行動のコントロールが苦手な子たちには，これがうまくできないことがあります。よいか悪いかの判断をスキップしてしまい，いきなり行動に移ってしまいます。

しゃべる前に一歩立ち止まらせるために，図のような掲示物が効果的です。最初は活動ごとに提示し，学級みんなのルールとして定着させていきます。慣れてきたら常時提示は止め，必要なときにだけ提示します。

point おしゃべりしてもよい時間を確保する

大人でも，じっと聞いているだけの時間はつらいもの。意図的に「おしゃべりタイム」を授業に組み込むことで，「がまん時間」を解消することができます。おしゃべりタイムが長くなると授業が間延びします。「5秒対話」や声を揃えて答えを言うなど，しゃべりたいエネルギーを発散しつつ学習に集中できるような仕掛けが必要です。

個別の支援スキル

point 最初に確認する

おしゃべりが始まってから教師がアプローチするのは，

「言われてから止める」という受け身の構造。いずれ自分で行動をコントロールできるようになることを目指すならば，能動的におしゃべりしない経験も積ませたいものです。それには，授業前の声かけが有効です。「お口はシーっとちゃんと聞く」などの合い言葉を一緒に言ったり，イラストを用いて示したりするのがよいでしょう。厳しく言い聞かせるのではなく，「二人の約束ね」といった感じで楽しく明るく確認します。毎時間だと惰性になってしまうので，1時間目が始まる前だけなど限定して行うのがポイントです。

^{point} できたことに注目する

　約束したからといって，すぐにできるわけではありません。むしろできない場合が多いかもしれません。そのことを念頭に置き，「できたところはどこかな」「がんばろうとしていたところはどこかな」という目で，よいとこ探しをすることが肝要です。静かにできるのは，はじめはたったの30秒かもしれません。しかしそのわずかな成長の裏には，約束を守ろうとかがんばってみようとかという思いがあるのです。その思いを受け取り，小さな一歩を心から喜べる存在でありたいものです。教師が子どものがんばりや成長を喜ぶ姿は，「先生はあなたが大好きだよ」というメッセージ。愛されている，大事にされているという思いが，次への意欲になるのではないでしょうか。

背景要因2 こだわりが強い

集団への指導スキル

point 活動を明示する

授業開始を意識づけることが、こだわりを断ち切りおしゃべりを止める一助になるかもしれません。例えば、授業の始まりは声を出す活動（暗誦やフラッシュカードなど）としたり、簡単なクイズやゲームから始めたりするのも一手です。また、教室にスケッチブックを常備し、「1じかんめ」「5ふんやすみ」など時間ごとに提示するのも効果的。聞くことの方が得意な子もいますので、耳と目の両方から「授業開始」の情報が入るといいでしょう。

point 周りの子との関係を壊さない

おしゃべりが止まなくても、教師が否定的な言動で対応しないことが大切です。教師が威圧的に接すればこの子は従えてもいい存在、叱りつければ価値のない人間だと周囲は学ぶかもしれません。周りとの関係が悪くなれば学級に関心が向かなくなり、ますます状況理解が難しくなるでしょう。周りの様子から話してもいいかどうか判断することに、思考が向きにくくなるでしょう。

point 座席に配慮する

どこに座るかという座席配置にも配慮が必要です。周りの状況が把握しやすい後方、あるいは声が邪魔にならない端の席がよいかもしれません。

また、音に敏感に反応する子とは席を離すことも、互いの関係性を保つためには欠かせない配慮です。

第4章　授業

個別の支援スキル

視覚的に気づかせる

　一心不乱に話している時に無遠慮に声をかけると，攻撃と受け取られる場合があります。「話を遮った」「邪魔された」と思い，腹を立ててしまうのです。こだわりが強い場合，耳よりも目からの情報入手が得意な子が多いようです。言葉による注意ではなく，視覚に訴えます。

　付箋紙に，簡単なイラストと言葉をかきます。私が2年生をもっていた時は，「エイトマン」という自作キャラを登場させていました。「おしゃべり
やめようね」などの禁止語ではなく，「おしゃべりがやめられたね」などのポジティブメッセージを添えるのがポイントです。驚かせないよう後方からそっと目につくところに貼ると，親和的に知らせることができます。

できたことを視覚的に伝える

　付箋紙は「静かにできた証」。すぐに捨てずに自由帳や連絡ノートの裏表紙に貼るなどしてためていきます。「こんなにたくさんできたね」など肯定的な言葉とともに，一緒に成長を喜びます。がんばりの成果を俯瞰することは，自己肯定感を高めることにもつながるでしょう。（宇野　弘恵）

【参考文献】
・田中康雄監修『発達障害の子どもの心と行動がわかる本』西東社，2014
・上野一彦編『小・中学校における LD, ADHD, 高機能自閉症の子どもへの教育支援』教育開発研究所，2004

❸ 固まってしまい，動けない，話せない子どもへの対応ポイントは？
（場面緘黙を含む）

　Aさんは，教室ではとても大人しい女児で，授業中は一言もしゃべらないのですが，特定の友人にはささやき声で少しだけ返事をしたり，首を縦や横に振って答えたりしています。家庭では普通に妹ともしゃべっています。授業は熱心に聴いていて，テストをするとちゃんと理解しています。でも，口頭で尋ねると，顔を伏せて，両肩が緊張し，一言も答えられません。授業中に当てると，わかっているはずなのですが，しゃべらないだけでなく，表情も硬く，身体をこわばらせています。他の活動の途中で，急に動きを止め，身体が固まってしまうこともあります。

　Bくんは知的障害のある男児です。時々活動の途中で固まってしまいます。先生の声かけにも反応しなくなります。固まると，しばらくは固まったまま立っています。周囲の状況が変わったりすると，少しずつ元に戻ります。

　このような状態は，一つは，場面緘黙と言って，例えば家ではしゃべるが，学校ではほとんど，ないしは全くしゃべらないタイプの子どもが考えられます。また，知的障害児などの場合で，心理的緊張が高まって起こることがあります。

これだけは知っておこう

背景要因1 ☞ 場面緘黙

　場面緘黙（症）は，小学生の約0.15％に出現すると推定されており（梶・藤田，2015），発達障害者支援法の対象に含まれています。以前は，「選択性緘黙」と呼ばれ，自らしゃべらないことを選択していると考えられていましたが，現在では自分の意志に反して，強い社会的不安からしゃべることができなくなると考えられています。

　場面緘黙の子どもの場合，身体が固まって，動きが止まる行動を「緘動」と呼び，割とみられます。

　しゃべらない，動かない行動は，教師から見ると，黙秘して，指示に従わない，反抗的と誤解されがちです。また，級友も，返事もしないので，自分が嫌われていると感じたり，語りかけると迷惑なのだろうと受け取られたりします。

　是非理解していただきたいのは，しゃべらない，動かないといっても，子どもはできるだけ状況に適応しようと努力していることです。授業の内容を後で質問できないので，必死に授業を聞いています。実は，級友が遊びに誘うなど，働きかけてくれることを期待している場合が多いのです。

背景要因2 ☞ 知的障害など心理的緊張で固まる

　Bくんのように，知的障害で固まっている子どもの肩や胸を触ると，とても緊張していて息も荒いことが多いです。非常に混乱して固まっていると推定できます。

背景要因 1 場面緘黙

集団への指導スキル

ある当事者は，自身のしゃべれないときの対処方略として，「『私は植物である』と思うことで，(中略)他者への恐怖心や自意識を薄め，『話さなければ』という圧力・視線から自由になる作戦」をとっていたと語ります(入江，2017)。しゃべれないときは，「自己表出が，周囲の他者の存在によって自分の中で自動的にできなくなる感じ」で，できなくなるのは「スイッチを切られる感じが近いです。自己表出の機能とか回路のようなものが，身体が固まって，一瞬で止まってしまう感覚」とのことでした。個人差が大きいので，一概に言えませんが，本人は周囲の注目を恐れ，級友の視線に大きな圧力を受けていて，自分を消そうと必死なのです。

^{point} 場面緘黙に伴う，緘黙と緘動への環境整備

基本は，いろんな人が，それぞれに尊重される，多様性を認め合う学級経営をすることです。場面緘黙については，しゃべらないのではなくて，しゃべれないのだと理解し，しゃべらせようとすると不安が強まり却ってしゃべれなくなることなどを周囲の教師や級友が理解することが大切です。ごく一部の発語以外の表出で，集団に参加させることを工夫します。親しいお友だちがいたら，可能な範囲で一緒に活動させます。ただし，教えるのは教師です。お友だちに先生の代わりをさせるのではなく，お友だちに先生が教えるのを，本人に観察させるなどします。小集団で活動することも大事です。

個別の支援スキル

 不安が高くない状況でアプローチ

　逆説的ですが，しゃべらせようとしないことが出発点になります。のどが詰まった感じで声が出ない子や，言葉が頭の中で浮かんでこない感じの子など，個人差は大きいです。

　基本は，その子のできることで十分に力を発揮できるように支援することです。体育を教えて自信をつけたり，作文で力を発揮させたり，丁寧な掃除を認めたりします。

　場面緘黙の子どもは計算問題など，答えが決まっている場合，少し答えやすいようです。逆に，作文，自由画など答えが決まっていない場合には表出が困難になりがちです。

　発問する場合，答えがはっきりしている質問を主にして，指差しやうなずきなどのジェスチャーや，紙に書くなど発語以外の方法で答えられるように配慮します。

　また，他人の視線に敏感ですので，個人的ないし少人数であまり注目されない状況で働きかけます。

　海外では，母親と別室で活動し，そこに少しずつ友だちを加えて，学校でも活動や発語がスムースにできる練習をするなどの行動療法的な方法が成果をあげています。日本でも可能でしょうが，校内の理解を醸成する必要があります。

　自信をつけ，他児と遊んだり，共同作業ができるような方向へ支援していきます。自立を急がず，成功するように十分な支援をします。

　本人は自分から支援を求めず，目立たないようにしているので，注意ぶかく，さりげない支援をお願いします。

背景要因2 知的障害など心理的緊張で固まる

(集団への指導スキル)

☝︎集団の圧力を減らす

　周囲の環境調整については，場面緘黙の場合と同様に，圧力を減らし，相互に尊重し合える学級経営が重要です。

　固まる行動は，教師も含めて周囲には迷惑にならないので，放置されがちです。しかし，その子にとっては大変な状況です。心理的緊張が強くなりすぎて身体が過緊張になっているので，まずは，逃げ出す行動を教えます。「大変，大変，先生と一緒に逃げよう」などの声かけをして，圧力が高い場から逃げます。可能なら身体に触れて，逃げる動きを支援します。その時，身体の緊張が低下するまで，十分遠くに逃げていきます。逃げたところで，特段のご褒美は与えず（ニュートラル），気持ちが落ち着くように，できれば教師はそばに居ます。少し落ち着いたら，穏やかに語りかけたり，状況を説明したりします。固まる行動は多くの場合非常に大変なので，まず，逃げる行動を教えます。

　教師とは，大変な時に助けてくれる人，逃げ方を教えてくれる人，この人と一緒なら安心だと理解させます。

　次に，どのような状況で固まるか，どのような周囲の働きかけがあると固まりやすいかを観察します。パニックに近いので，特定の相手や声が引き金になっていたら，その子どもから距離をとるなどします。集団の中心で起こりやすいので，周辺に位置づけるなどの配慮をします。

第4章　授業

個別の支援スキル

⚫︎point リラクセーション

　上述のように，固まる行動は，その子が非常に困難な状況にあることを示しています。その状況に徐々に慣れさせることも大事ですが，リラクセーションの練習も有用です。

　まず，緊張の様子を観察します。多くは，胸が反って，肩は上がっていることが多いです。

　安心できる状況で，リラックスを教えます。深呼吸のように，「フーッ」などと声をかけながら，胸を落とす動きを教えるとよいです。可能なら胸に触れた手を下方向に落とし，背が丸まるようにします。また，自分で肩を上げるように促し，次に両肩を少し押さえながら，ゆっくり力を抜くように教えます。これらの練習をすることを通じて，教師は子どもの緊張の度合いから，子どもがどのくらい困っているかを把握できるようになります。

　また，圧力の低い状況で，固まりやすい活動を練習することも支援になります。その活動に自信がないことが多いので，「先生と一緒にやろうね」と，十分すぎる位に支援しながら練習するようにします。　　　　　　（久田　信行）

【参考文献】
- 久田信行・金原洋治・梶正義・角田圭子・青木路人「場面緘黙（選択性緘黙）の多様性」『不安症研究』第8巻1号，2016，pp.31-45
- 梶正義・藤田継道「場面緘黙の出現率に関する基本調査(1)小学生を対象として」『日本特殊教育学会第53回大会発表論文集』，2015
- 入江紗代「緘黙の当事者研究」当事者研究全国交流集会，2017

COLUMN
吃音

吃音（どもり）とは，話しことばのリズムに連発（ぼ，ぼ，ぼ，ぼくは），伸発（ぼーーーくは），難発（……ぼくは）といった様子が見られ，流暢に話ができないことをいいます。最近では映画やテレビドラマでも取り上げられるようになりましたが，およそ100人に１人は吃音があるとされ，あまり話さない子の中に実はいるかもしれません。

吃音は，２～４歳で始まることが多いですが，大人になって始まる人もいて，どの世代にもいるかもしれません。また，吃音の原因はまだわかっていませんし，治療法も確立されていません。吃音の種類による主な「得意・苦手な場面」「困ること」「先生ができること」を表にまとめました。

	連発（最初のことばをくりかえす）	難発（最初のことばが出るのに時間がかかる）
苦手な場面	本読み，発表，健康観察，日直，号令，自己紹介など，特に順番に当てられること	
得意な場面	友だちとの会話，得意な話をする時 〔一部〕歌を歌う，台詞を言う	
困ること	真似される，笑われる，「なんでそんな話し方なの？」と聞かれる	「早く言いなさい」とせかされる，答え・漢字がわからないと誤解される，一生懸命話そうとするが

		声が出ない
先生ができること	①吃音のからかいを止めさせる（少しの真似でも傷つきます）。クラスで吃音のからかいがあったら報告させる ②話すのに時間がかかっても待つ ③話し方のアドバイスをしない（ゆっくり，深呼吸して，落ち着いて，などの声かけには効果がなく，逆にプレッシャーになります） ④本読み，号令などの時の対応をどうしたらよいか，本人と話し合う	

　様々な場面で，子どもたちから質問されると思いますが，上表①について，先生方が次のような答えを用意しておいてください。

　「〇〇くんは，ことばを繰り返したり，つまったりすることがあるけど，それらを決して真似したり，からかわないようにしましょう。もし真似をするような人がいたら，先生まで教えてくださいね」

　「なぜ真似してはいけないの」と聞かれた時は，「わざとしているわけではないのです。みんなも聞かれて困ることを言われたら嫌でしょう？」などです。

　このような担任の先生の一言が，子ども同士の関わり方のお手本となります。吃音の子どもだけでなく，どの子も先生の一言で助けられることが多いでしょう。（佐藤　雅次）

【注】
九州大学病院　菊池良和先生の資料を参考にしました。

第4章 授業
学習内容

❶九九，漢字，公式などが覚えられない子どもへの対応ポイントは？

　2年生の算数の学習の時間です。ある子どもが，7の段を唱えています。
　「7×1＝7，7×2＝14，7×3＝24」
　「えっ!?」
と，先生。その続きを言おうとすると，次が出てこないので，もう一度はじめから唱え出します。でも，やっぱり，「7×3」で引っかかってしまいます。どうやらどの段も，途中から思い出せずに，暗唱が止まってしまうのです。このままでは，九九を嫌いになってしまうかと心配です。

　その子どもの国語の時間です。漢字テストをしています。
　「汽車」と書きたいところを「氵車」と書いてしまいます。

　なんだか一生懸命で真面目に学習に取り組んでいるのに，ちょっと惜しい，あともう一歩！という子どもです。失敗すると，ぐっとこらえて固まってしまうのでした。

　練習量が足りないと感じた先生が，
　「100回九九を唱えてごらん」
　「間違った漢字をノート1ページに書いておいで」
と，にこっと笑って子どもへ指示します。でもこれは，子どものやる気をなくす悪魔の言葉かもしれません。

これだけは知っておこう

背景要因1 ☞ 記憶しているのに,うまく思い出せない

人間が脳に記憶しておく仕組みには,「聴覚的短期記憶」「聴覚的長期記憶」「視覚的短期記憶」「視覚的長期記憶」があります。

また,情報を一時的に保ちつつ,物事に取り組むための構造や過程を指す構成概念をワーキングメモリと呼びます。これは,視覚的ワーキングメモリと聴覚的ワーキングメモリに分けられます。この一時的に保っておくだけのことが,少ないと覚えにくさを見せる子どもがいます。

九九や公式を何度も唱えながら練習しても,覚えるときに,他のことが気になり集中できないこともあります。聴覚的記憶が弱い子どもは,なかなか覚えることができない場合があるのです。聴いて覚える力が弱いからです。

背景要因2 ☞ 不器用さや筆記技能によって,書き表せない

また,子ども自身は正しく書いたつもりでも,不器用さがあったり,目と手の協応がうまくいかなかったりするために,誤った漢字を書いてしまうことがあります。「首」という漢字の下半分を「自」と書かずに横画を一本忘れてしまい,「白」と書いてしまうことがあります。これは,覚えるときに注意が向けられなかったり,書くときに見たことをそのまま書きなさいという脳の命令が,何かしらの原因でうまく手まで届かないことがあるためです。

背景要因 1 記憶しているのに，うまく思い出せない

集団への指導スキル

まず，注意力や集中力と関連して，記憶をしているのに，うまく思い出せないことに対しては，3年生を境に指導法が変わります。脳の仕組みが9歳を境に変わるといわれているからです。

聴覚的情報を処理する力が強かった2年生までの脳が，3年生では，視覚的情報を処理する力が高まるからです。もちろん個人差があり，きっちりとした境目ではありませんので注意が必要です。

point 指導の方法を一つに限定しない

子どもの学び方は，細かく見ると個々によって違います。だから，「前年度はこれでうまくいったから」「指導書に書いてあるから」ではなく，一つの指導事項を様々な手立てで指導することがポイントです。クラス全体で指導する際に，音読したり，書いたり，言い合ったり，聞き合ったりと，変化のある繰り返しの学習で定着していくことでしょう。

また，一時間の授業の中で学習を完結したいと考えてしまわず，学習内容を掲示して，いつでも振り返ることができるようにしておくとよいでしょう。すると，視覚的情報を何度も見ることによって，長期記憶となり，定着していくことでしょう。

ICT機器を活用することも効果的です。見せたり隠したり，動画を使うなどすると，喜んで活動することでしょう。

個別の支援スキル

★ 成功体験を積み重ねる

　個別の支援については，第一に自尊感情が下がるような失敗を経験させないことが大切です。つまり，小さな成功体験を積んでいくのです。

　九九の暗唱も一度に言うのではなく，分けて唱えてもいいでしょう。そして，がんばってできたという経験を子どもが自然な形で積んでいくことができるように仕組みます。

　ヒントカードを使ったりすることもいいでしょう。課題に取り組む前に，公式や筆算の手順を書いたカードなどを持たせ，使うようにすることもいいでしょう。そしてそれを使って課題ができれば大いにほめます。少しずつ自信をつけていくことがポイントです。

★ たくさんの指導法を当たる

　漢字などの文字についての学習には，たくさんの指導法があります。「指導法は，一つしかない」ではなく，参考文献をはじめ，その子どもの背景に合った学び方で取り組むことができるといいでしょう。

　また，子どもが学習そのものを楽しいと感じられる工夫が必要でしょう。興味や関心をもたせるために，プリントなどにキャラクターを使ったり，トークンエコノミー法などと呼ばれている手法を使い，ご褒美シールやがんばりカード，合格証などを渡すシステムを取り入れたりしてもいいでしょう。協力してもらうことができるのならば，家庭でも取り組んでもらうことができるといいでしょう。

背景要因2 不器用さや筆記技能によって，書き表せない

集団への指導スキル

point 書きやすい環境を整える

書き表せない子どもたちが，取り組むことが嫌になったり，取り組まなくなったりすることがないようにしたいものです。

昨今，多くの学校でスタンダードなどと称し，ノートを統一したり，マス目の数を合わせたりしているところが増えてきています。ノート基準決定の際には，不器用さや筆記技能などによって，書くことに困難さを感じる子どもがいることを想定し，考慮してほしいものです。

また，書くことだけに焦点を当てることなく，多様な表現方法も大切でしょう。書くことだけでなく，話すことも立派な表現方法です。

point 完璧を求めすぎない

漢字については，許容という考え方があります。「常用漢字表の字体・字形に関する指針（報告）」（文化庁文化審議会国語分科会，平成28年2月29日）には，「手書き文字と印刷文字の表し方には，習慣の違いがあり，一方だけが正しいのではない」「字の細部に違いがあっても，その漢字の骨組みが同じであれば，誤っているとはみなされない」とあります。漢字ドリルや教科書に載っている字体，字形が正解ではありません。子どもたちにとって大切なことは，漢字に親しんで学ぶことです。もちろん，丁寧に書く指導は，捨てはしませんが，子どもの意欲を大切にしたいです。

個別の支援スキル

課題に対して嫌いにならないようにする

　大切なことは,その学習そのものを嫌いにさせないことです。また,なかなか効果が現れないときは,その子どもの学び方と指導法が合っていないことがあります。東京学芸大学名誉教授上野一彦先生の言葉「もし子どもたちが私たちの教えるやり方で学べないのであれば,その子の学び方で教えよう」のように,教えるやり方を変えればいいのです。指導法は一つではないのですから。

スモールステップを踏んで指導する

　不器用さを矯正するのではなく,どうしてそのような行動になるのかを理解しながら,取り組みます。体づくりが必要だったり,指の運動から取り組む必要がある場合もあるので,「覚えられない・できないから,同じことを繰り返し取り組ませる」のではなく,岩下修先生の「Aさせたいなら B させよ」の考え方で取り組む意識をまず教師がもつことで,救われることが多いでしょう。　　（関田　聖和）

【参考文献】
・竹田契一・上野一彦・花熊曉『特別支援教育の理論と実践【第2版】Ⅱ指導』金剛出版, 2012
・「常用漢字表の字体・字形に関する指針（報告）」文化庁文化審議会国語分科会, 平成28年2月29日
・関田聖和『楽しく学んで国語力アップ！「楽習」授業ネタ＆ツール』明治図書, 2016

第**4**章 授業
学習内容

❷ノート等に写すことが難しい子どもへの対応ポイントは？

「ほら,Aさん! 手いたずらしていないで黒板の字を早く書きましょう!」

Aさんは教師から声かけをされると,その時は取り組むそぶりを見せますが,授業が終わってノートを見てみると,ほとんど文字を書いていません。

「黒板の字をノートに写し終えたら,ノートを先生に持ってきましょう」

と教師が指示すると,次々に写し終えて教師にノートを見せにくる子どもたちに紛れて,いつの間にかノートを机の中にしまい,Aさんは友だちと話をしています。

「なんで黒板の字を書かないの?」

「勉強する気あるのかな?」

教師がそう尋ねても,Aさんは黙っています。

「ごめんなさい。次は書きます……」

うつむいて振り絞って出した声は本心から出た言葉のように感じますが,次の授業ではまた同じような状態が続きます。一見,怠けて見えるAさんですが,「書かない」のではなく「書きたいけれど書けない」のだとしたら,上記のようなやりとりはAさんにとって苦痛でしかありません。

「書きたいけれど書けない」背景に,①記憶に困難がある,②手先が不器用であるということが考えられます。

これだけは知っておこう

「黒板に書いてあるものをノートに書く」という動作をさらに細かく見ると，多くの動作に分けることができます。ここでは，①記憶に困難がある，②手先が不器用であるという2つの側面から考えてみます。

背景要因1 ☞ 記憶に困難がある

記憶に困難があると，黒板に書いてあるものを「さて，ノートに書くぞ！」と考えてノートに視線を移動するまでに，何を書くか忘れてしまいます。また，覚えることができても少ししか覚えられないので，何度も黒板とノートを往復して見ないと書けないということもあります。

そうこうしているうちに活動が次へ進んでしまう経験が積み重なると，学習への意欲を失い，「書く」ことを避けるようになります。

背景要因2 ☞ 手先が不器用である

手先が不器用だと，鉛筆で字を書くのが苦痛です。Aさんの気持ちになってみれば，周りの友だちはスラスラと字を書くのに対し，自分は一つ一つの字を全力で書かなければいけません。また，書いた字も周りの友だちと比べると，上手ではありません。後から自分で見直しても何を書いているかわからないときもあります。そういう積み重ねが，「書く」ことへの意欲を奪っていき，結果，他のことをして過ごすようになります。

背景要因1 記憶に困難がある

集団への指導スキル

point 黒板に書く量を調整する

教師は板書する際，言葉を厳選して書くようにします。黒板に書く文字が少ないことで，子どもたちの書く時間は短くなり，その分他の活動ができるようになります。記憶に困難がある子どもも「すべて書かなければいけない」というプレッシャーから解放されます。書く力を育てたいのであれば黒板の字をノートに写す時ではなく，残った時間を生かして違うワークを行うとよいでしょう。

point 書く時間とその他の時間を分ける

「友だちや教師の話を聞きながら，ノートを書く」というのは，低学年の子どもたちにとっては，難しいことです。友だちや教師の話を聞く時間とノートに書く時間を分けることで，話を聞きながら考えを深めたり，丁寧に字を書いたりすることにつながります。

point 目印を黒板につける

授業中，黒板のどの部分について学習しているかわからなくなる子どもは意外に多いです。左のような目印を作り，黒板に貼っておくと，黒板のどの部分を書けばいいか一目瞭然です。

第4章 授業

(個別の支援スキル)

穴埋め式のワークシートで，覚える量を減らす

右の写真のような穴埋め式のワークシートを用意し，そこに書き込めるようにします。

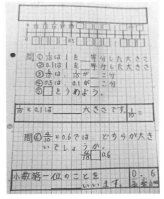

ワークシートを作りながら，先ほど述べた「黒板に書く量」や授業展開についても同時に考えていきます。ワークシートを作りながら，授業のポイントが絞られてくるので，授業にもよい影響をもたらします。

慣れてくると5分間くらいで作成できます。

書く量を調整する

書く負担が減ると，他の子どもが書いている間，何もせず待つことがあります。子どもにもよりますが，待ち時間があることで，他のことに意識がいきがちです。

そこで早く書き終わった後，何をするか明確に伝えておきます。「書いたものを指でもう一度なぞる」「心の中で書いたものを復唱する」など本人ができるもので，それでいて意味があるものが望ましいです。

「毎回同じことをして待つ」ことを子どもと教師が一緒に決められると，教師も本人も負担が減ります。

本人の様子を見ながら，書く量と待っている時間を調節できるとよいでしょう。

背景要因2 手先が不器用である

集団への指導スキル

point 様々なマス目を印刷したプリントを用意する

ノートのマスの大きさは、学校全体で決められていたり、学年ごとに設定していたりする場合があります。子どもたちによっては、指定されているマス目が学習に適していない場合があります。

様々なノートのマス目を印刷したプリントを用意し、活動によって子どもが選べるようにします。教室の後ろのロッカーや棚に引き出しを用意し、必要に応じて自分で取りに行けるようにします。

毎回必要になるようなら保護者に連絡をし、同じマス目のものを用意してもらうよう、お願いするとよいでしょう。

point ファイリングとシール帳で達成感を味わう

子どもたちが苦手なものを克服しようとしたら、ポイントカードを作り目標を細かく決め、達成したらシールをもらえるシステムをつくります。

例えば「給食の食器をきれいにして返す」「宿題を毎日家でやってくる」などです。うまくいかなくても申告すれば1ポイント、うまくいけば3ポイントなどとし、必ずポイントがもらえるようにします。5ポイントや10ポイントの節目で特別なシールがもらえると、子どもたちは意欲的に取り組むようになります。

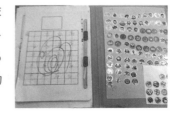

第4章 授業

　プリントなどはファイリングしてためていくと，自分の努力が目に見える形でわかります。手先の不器用な子どもも意欲的に字を書くようになります。

個別の支援スキル
point 鉛筆の持ち方矯正器具を貸し出す

　手先の不器用な子どもにとって鉛筆は細く感じ，しっかりと自分の力を伝えることが難しく感じることがあるようです。そこで矯正器具を使って，正しく自分の力が伝わるようにします。

　矯正器具は，様々な種類のものがあります。値段の幅も広く，右の写真のようにクリップを利用しても使用できます。そして  子どもによって，どの器具が使いやすいかは変わってきます。本人と相談しながら，使いやすいものを見つけられるとよいでしょう。

　使い慣れてきて，必要がなくなったら一度外して書いてみるとよいでしょう。「なくてはならないもの」となっている場合と，「あってもなくてもどちらでもよいもの」となっている場合があります。もし，なくてもよい場合は「矯正器具卒業証書」などを作り，成長を子どもと喜べるとよいでしょう。　　　　　　　　　　　　　　（松下　崇）

【参考文献】
・林邦雄・松井茂昭・中川忠雄編著『学習レディネス指導シリーズ1　読みを育てる』コレール社，1993

第4章 授業
学習内容

❸ 教科書を読めない子どもへの対応ポイントは？

　もう何時間か学習を進めているのに,「わ,た,し,は,わたしは,海で,お,よ……」と,一文字ずつ,一生懸命に音読しようとする子ども。また,教科書の本文には,「それについては,わかりません」と書かれているのに,「それについては,わからないよ」と自分なりに,勝手読みをしてしまう子ども。周囲の友だちから,「そこ,さっき読んだよ」と言われてしまう,次の行に進めず,途中でどこを読んでいるのかわからなくなってしまう子ども。算数の文章問題や理科や社会などの横書きの文章をすらすら音読することができるのに,国語や道徳の教科書に書かれている縦書きの文章では,つまってしまい読むことに困ってしまう子ども。友だちと会話している時は,周囲に聞こえるぐらいに大きな声で話すことができるのに,人前で音読をするとなると小さい声になってしまう子ども。このような子どもたちに私だけではなく,読者の方々も出会ったことがあるかもしれません。

　どの子どももふざけているわけではありません。一生懸命に取り組んでいます。しかし,このままの状態では,苦手さが増してしまいます。

これだけは知っておこう

背景要因1 ☞ 音韻認識や見る力が弱い

文字を読むときには，音韻認識が大切になります。

音韻認識とは，「話し言葉は，音の単位をもっている」ことに気づくこと，そして，「音の単位を様々に操作できる」ということです。例えば，「さ」＋「く」＋「ら」とつながり「さくら」になります。この音韻認識に発達の遅れがあると，「音の単位の認識が遅れる」「文字と音との対応を覚えられない」「覚えていても，容易に取り出すことができない」などの姿を見せます。その結果，音読がたどたどしくなり，間違えて読んでしまうのです。

背景要因2 ☞ 語彙や文法知識が少なく，推論する力が弱い

下記の文をできるだけ早く読んでみてください。

> もじを にしんき する とき その さしいょ と
> さいごの もさじえ あいてっれば じばんゅん は
> めくちちゃでも ちんゃと よめる

正解は，「文字を認識するとき，その最初と最後の文字さえ合っていれば，順番はめちゃくちゃでもちゃんと読める」です。「文字」や「認識」などの言葉を知り，イメージをすることができるから，意味がわかります。しかし，言葉を知らなければ，この原理も通用しません。子どもたちにしてみれば，提示文のような状態かもしれません。

背景要因 1　音韻認識や見る力が弱い

集団への指導スキル

point クラス全体で取り組む

　音韻認識や見る力が弱い子どもがいる集団では，音と文字が対応していることを覚えることができるようにしたいです。片仮名などを学習するときに，文字を教室掲示することでしょう。その際に，平仮名とともに掲示することで，覚えやすくなります。手元で確認できる文字カードなどの教材を持たせるとよいでしょう。そのカードを使って，文字遊びや言葉づくりなどの学習をゲーム化するのです。子どもたちも楽しんで取り組みやすくなります。しりとりや言葉の一文字を変えるような言葉遊びを取り入れます。学級全体で文字の音韻意識を意識した学習，文字の基礎力をトレーニングします。見る力の弱さを補うため，眼球運動のトレーニングや形と空間を捉える力を鍛える教材に取り組むこともよいでしょう。

　なかなか教科の授業の中で取り組むことは難しいと思いますので，学習の隙間の時間や国語，学級活動などで，こういった遊びをうまく仕組んだり，朝の学習などの基礎学力を補う時間の中で，クラス全体で取り組むことができるようにシステム化したりするといいでしょう。

個別の支援スキル

point 細かな支援で自信をなくさせないこと

　個別指導で何よりも大切なことは，自信をなくさせないことです。授業で音読を指名するときには，読む箇所を前

もって伝え，事前に取り組ませておくことが不可欠になるでしょう。その際，音読する量を短くすることも必要でしょう。また，新しい教材を学習するときには，あらかじめルビを振っておいたり，読む文章を拡大したりした教材を用意することも困難さを軽くすることがあります。

また可能であれば，パソコンを使って，音声読み上げソフトや拡大ツールを使うことも検討してもよいかもしれません。読み飛ばしや勝手読みをする子どもには，ラインマーカーなどのペンで，一行ずつ色をつけたり，文末や読み誤りやすい単語に色をつけたりすることで解決することもあります。他にも，教材文の単語や文節ごとに線で区切ったり，行間に線を引いたりすることも有効です。図のように，下じきやリーディングスリットを使って，読むところを表示する方法もあります。一行だけ拡大するルーペも効果があります。

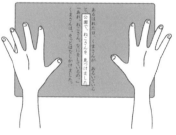

何よりも，少々の間違いを許してもらえる学習集団づくりが大切です。子どもたちの中で，安心して間違うことのできる雰囲気づくりを心がけたいものです。

背景要因2 語彙や文法知識が少なく，推論する力が弱い

集団への指導スキル

point 言葉であふれる教室にする

語彙や文法知識が少なく，推論する力が弱い子どもたちがいる学級では，教室環境を言葉であふれる教室にするとよいでしょう。

学習で初めて出てきた言葉を画用紙や背面黒板に書いて表示するとよいでしょう。もちろん学習の中で，大切な学習用語は，必ずノートに記述する時間を確保したいものです。難語句についても，意味をノートに写すことも効果的ではありますが，イラストを取り入れたり，学級文庫に言葉にまつわる学習漫画などを置いて，普段から手に取りやすくしておくことも効果的です。

わからない言葉が出てきたらすぐに調べることができるように，国語辞典などを常備しておきたいものです。

顕著に表れるのは，文を書く学習だと思われます。特に作文などで，ワークシートに書く場合，用紙の大きさは同じだけれども，マス目の数を変えた数種類のワークシートを用意し，自由に取ることができるコーナーをつくることもおすすめします。

言葉そのものではなく，言葉や文章などをイメージしやすい写真などを常時掲示しておくこともよいでしょう。

また，言葉やイラストなどを使った「楽習」ゲームにクラスで楽しく取り組む中で，自然と言葉のやりとりが生まれ，知らなかった言葉を獲得できるようにしたいものです。

第4章 授業

個別の支援スキル

　語彙や文法知識が少なく，推論する力が弱い子どもには，その子どもがわからない言葉を易しい言葉に置き換えて，個別に指示，説明することが必要でしょう。日常会話には，問題のないことが多いです。読むことへの抵抗感を増やさないようにしたいものです。教師からの個別の声かけを通して様々な言葉を伝え，教えていくことも支援の一つになります。

　また，AccessReading（https://www.accessreading.org/）を活用することも視野に入れておくといいかもしれません。「障害により印刷物を読むことが難しい人々のためのオンライン図書館」と銘打ち，学校で用いられる教科書等を，障害のある人の利用に配慮した電子書籍に変換したものを提供しています。AccessReading が提供する書籍の無料の電子データは，Microsoft Word（DOCX 形式）やタブレット端末のアプリで利用可能な電子書籍（EPUB 形式）で提供されます。もちろん利用には，ICT 機器が必要となります。保護者の方との対話による合意形成が必要でしょう。　　　　　　　　　　　　（関田　聖和）

【参考文献】
・北出勝也編著『クラスで楽しくビジョントレーニング：見る力を伸ばして学力＆運動能力アップ！』図書文化，2017
・竹田契一・上野一彦・花熊曉『特別支援教育の理論と実践【第2版】Ⅱ指導』金剛出版，2012
・関田聖和『楽しく学んで国語力アップ！「楽習」授業ネタ＆ツール』明治図書，2016

第**4**章　授業
学習内容

❹ 宿題をしてこない，こられない子どもへの対応ポイントは？

　Aくんは友だちとの関係は良好です。いつも周りの子に対し明るく接することができるので，人気があります。算数は得意で計算ドリルや計算プリントの宿題は問題なくやってきます。しかし漢字書き取りの宿題は極端に嫌がります。理由を聞くと，「書くのに時間がかかるし，書いても全く覚えられないから」と言います。

　Bくんはいつも机の上や中がぐちゃぐちゃです。帰りの支度の時には，机の周りの床にまで教科書や水筒を広げています。帰りの会が始まってもなかなかランドセルの中に用具を片付けられません。保護者から回収するプリント類も提出するのが遅く，家の方に連絡すると「そんなプリント見たことありません」と言われることもあります。机の中を見てみると，道具箱の後ろから今まで配ったプリント類がたくさん出てきます。ランドセルの中のファイルには，随分前に配付したプリントや返却したテストがいつまでも残っています。見つけるたびに声をかけるのですが，つい出すのを忘れてしまうと言います。

第4章 授業

これだけは知っておこう

　読み書きに困難がある子は30人学級であればクラスに一人程度在籍していると考えられています。すなわちどのクラスにも一人はいるということです。

背景要因1 ☞ 読み書きに困難がある

　人間関係を築くことなどは普通にできるため見逃しがちですが，読み書きだけに困難がある子がいます。音読の宿題だけを苦手とする子や，複雑な漢字の書き取りの宿題を苦手とする子など，それぞれに困難さを抱えるポイントは違ってきます。読むのが苦手なのか，書くのが苦手なのかを見極めることが大切です。授業で音読をしている時の様子や宿題の提出状況を記録したものを見ていると，その子が苦手とする宿題の傾向がわかってきます。1年生の間はひらがな・カタカナは普通に書けていたり，他の子もあまりきれいな字でなかったりするため気づかないこともあります。徐々に漢字が複雑になっていくと書くのが困難になっていきます。

背景要因2 ☞ 物の整理・整頓，管理が苦手である

　低学年のうちはプリントの管理が苦手な子が多くいますが，学年が上がるに従ってそのスキルを身につけていきます。しかし高学年になっても物の管理が苦手な子がいます（大人でもありますが）。その子がサボっていてできないのではなく，そういう特性をもっているからできないのだと教師と保護者が理解する必要があります。理解できると次の一手を差しのべることができるでしょう。

背景要因1 読み書きに困難がある

集団への指導スキル

point 読みがなが書いてある教科書を準備する

読字障害や識字障害の場合教室で一斉授業を行っていても，国語などの授業は非常に困難が生じることが多いです。

デジタル教科書の中にはすべての漢字にふりがなが振ってあるものが入っています。それを印刷して渡すと，読みへの抵抗感が減ります。その際に少し拡大して印刷するとより見やすくなります。

point 周りの子の理解を深める

本人や保護者，管理職の先生とも相談しながら，どこまでクラスの子たちに伝えるのかを決めます。その際にクラスの子の理解を深めるのが下の絵です。みんな同じようにするのが本当の平等ではなく，それぞれに合った支援の仕

方があるということを，端的に一枚の絵で表現しています。これを題材に道徳の授業をすると，周りの子が理解することへつながります。

point 裏面に答えを印刷する

宿題のプリントを配付する際，裏側に答えも同時に印刷します。これは特別な支援が必要な子だけでなく，学力的に低位の子にとっても見て写すというサポートになります。

支援が必要な子だけに印刷してしまうと,どうして自分だけ答えが印刷してあるのだろう,となってしまいますが,クラス全員に印刷がしてあることでその心配がなくなります。丸付けも家の人に頼んだり慣れてきたら自分で行ったりすることもできるようになるといいです。

（個別の支援スキル）

point 漢字を書く量を調節する

Aくんの場合は,みんなと同じ量の漢字の書き取りの宿題を出すと,極端に時間がかかってしまいます。本人と相談して「今日はどれくらいならできそう？」と教師が聞き,無理はさせません。「漢字1文字がいい」と言ったら,たとえクラスの子たちがノート1ページの宿題が出ていても1文字だけにします。その代わり次の日の朝,書いてきた部分のミニテストを行うことを約束します。そうすることで,覚えながら書こうとします。少ない量であれば覚えることができ,意欲的に取り組めます。

point ノート・覚える順番の支援

あらかじめ赤インクのペンで教師が漢字を下書きしておいたり,Wordを使って漢字を大きく表示し,それを灰色の文字で印刷したりする方法もよいでしょう。市販の漢字ドリルは,教科書の単元の順番通りに出てきます。画数の多い少ないが入り混じって載っています。これは文字を獲得するのが苦手な子にとってはハードルが高いです。画数の少ない「一」や「人」といった漢字から順番に覚えていくというのも一つの方法です。

背景要因2 物の整理・整頓，管理が苦手である

集団への指導スキル

point 道具箱の活用

　低学年のうちであれば，道具箱を上手に活用したいです。道具箱をフタと箱の2つに分けて机の中に入れます。フタには授業で使う教科書類をしまい，箱の方にはさみ・のり・色鉛筆などをしまっておきます。朝学校に来たら，フタの方にランドセルの中身をしまうルールにします。帰りの時には，フタと箱を両方机の上に置き，フタの方には何も入っていない状態で帰ります。そうすることで，プリント類の持ち帰り忘れが格段と減ります。特別な支援が必要な子だけでなく，教室全体で取り組むことで，忘れ物が減ったり，保護者からの提出物の期限も守れたりするといったメリットも生まれます。

個別の支援スキル

point 宿題の見える化

　保護者が一目で宿題が何かわかる状態にしておくことが大切です。例えば，宿題専用のクリアファイルを準備し，そこに宿題関係のプリント類はすべて入れます。算数の問題集や計算ドリルが宿題の場合は，問題集やドリルもそこに入れます。家に帰り，ランドセルを開ければすぐに宿題が何であるかが本人も保護者も一目でわかるようになっているのです。もちろん最終的には子どもが自らそこに入れて管理できるようになることを目指しますが，低学年の頃であれば，教師や保護者が手助けをすることがあってもよ

いです。宿題は出すものという感覚を先に身につけてしまえば，その後の学校生活がスムーズに定着していくことが多いです。問題集などはどこのページをやるのかわからなくなる場合もあるので，目立つ色の付箋を貼り「ここまで」と提示することも大切です。連絡帳に書かれた宿題についても，教師がしっかり書けているのか確認することも必要です。口頭で伝えても，聞き逃していたり，連絡帳に書き逃していたりすることもよくあります。できるようになるまでは，教師が手をかけ，目をかけ，時間をかけて手助けしていきましょう。

^{point} 習慣化・その子に合った支援方法

　習慣化できるまで時間がかかる子もいますが，低学年のうちにこの習慣が身につくよう配慮していくことが，その後の長い学校生活を進めていく上で大切になっていくと信じ，根気強くかつ緩やかに取り組んでいけるとよいでしょう。今回示した方法はあくまで一部です。当たり前ですが，どの方法がその子の困り感にぴったりと合うのかはわかりません。しかし教師側がたくさんの解決方法をもっておくことで，うまくいかないときに次にあの方法はどうだろうかと手を変えていき，その子に合った支援方法を見つけることができるでしょう。

（深見　太一）

【参考文献】

・上野一彦・月森久江『ケース別発達障害のある子へのサポート実例集　小学校編』ナツメ社，2010

❺ 入退院を繰り返すなど，学習の積み重ねが難しい子どもへの対応ポイントは？

　算数の時間になりました。先生が「じゃあ，今日からはわり算のひっ算をします」と黒板に式を書き始め，子どもたちはそれを写しています。それまで友だちと楽しく勉強をしていたのに，Aくんはノートを書く手が止まり顔が曇っています。先生がAくんの机のところへ行って「どうしたの？　黒板の字を写しなさい」と言うと，Aくんは「おれ，わり算習ってないから。わからない」と言いました。先生は不思議に思いながらも「そんなことないでしょう。九九も他の掛け算はできているんだし，学校来てたらわり算習っていて当たり前でしょ」と言いました。

　実はAくんは病気で2年生の終わりから3年生まで入院をしていたため，わり算を習っていませんでした。しかし，先生はこの学校に新しく入ってきたばかりで，その情報を知りません。

　Aくんのように，病気などである期間学校を休んでいる子どもは，その期間の学習空白が生まれます。特に算数や国語など学習に積み重ねが必要な教科では，その少しの空白によってその後の学習が難しくなることがあります。そしてそのような体験から，自信をなくしてしまうこともあり，不登校につながる子どももいます。

これだけは知っておこう

背景要因1 ☞ 長期欠席による学習空白

慢性疾患などで，長期入院や継続的な治療のため入退院を繰り返す子どもがいます。退院後もすぐに学校へ通えず，休みがちだったりしますが，学習の理解が浸透していません。その中には，入院中の子どもが通う学校，いわゆる「院内学級」へ通う子どももいます。その際には，院内学級とのやりとりを行い，復学に向け学習進度の把握をすることが不可欠になります。そのやりとりは先生自身が行う場合と，保護者を通じて書類等のやりとりをする場合があります。学習空白が目立つ場合や，遅れが今後予想されそうな場合には，個別の教材の作成や，家庭での学習の方法を工夫したり，場合によっては別室での指導を利用するなど，個々に応じた環境を設けて指導していくことが必要です。

背景要因2 ☞ 経験や体験の不足による自信の喪失

病気の他に，一時的な不登校状態などの長期欠席の子どもにも学習空白が存在します。系統立てて学ぶ機会が失われていることや，他の子どもに比べて経験や体験の不足などがあります。子どもは「できる」「わかる」が増えてくることで，学習へ向かうエネルギーをもてます。病気や不安等で不登校傾向が潜んでいることに気づかず「怠けているからだ」「仮病だ」などと思い込まないようにしましょう。自分が頼りたい先生という身近な存在から誤解や偏見を受けることで，心を痛めてしまうケースもあります。

背景要因1　長期欠席による学習空白

集団への指導スキル

point 「できる」「わかる」を増やし，助け合いの気持ちも生む

　学習空白による学力不振で，不登校になってしまう子どももいます。問題が解けることや目標を達成できること，「できる」「わかる」を積み重ねていくために，その子にできる簡単な問題を授業の中で当てていくなどし，成功体験を積ませます。その子が困っているときにあえて先生が率先して出ることはせず，他の児童に理解を促し，助け合いの気持ちを育むようにします。そうすることにより，他の児童らも助けを必要とする仲間を支える経験を積むことができます。相互理解と助け合いの雰囲気をクラス内につくっていくことが大切です。

個別の支援スキル

point 未習の学習内容と理解度の確認（実態把握）

　入退院を繰り返したり不登校傾向のある子どもには，Aくんのように特定の期間だけ学校に来られなかった等の理由から学習空白が生まれます。下学年の場合，国語や算数などの積み重ねが必要な教科ほど，課題が浮き彫りになりやすいです。「教科書はどこまでやったか覚えてる？」「この問題のやり方がわかるかな？」など，細かく見ていくことでどこに空白があるのか発見し，その子の単元ごとの理解度を確認します。断続的な学習空白が見られる場合には，必要な項目を示した確認票のようなものを作成し，それを

工夫して使いながら対応するなどします。独自の積み重ね教材を作成し，常に確認することで対応がしやすくなり，学年が上がる際にも引継ぎがしやすくなるでしょう。
〔例〕・教科書は（授業で）どこまで学習しましたか？
　　　・最後に授業を受けたのはいつですか？
　　　・子どもが取っているノートの確認
　　　・その子の好きな教科，嫌いな教科　など

　連絡帳のようなものを作成し使用しながら，雑談などを交えて聞き取ることで，子どもとの関係性も形成しつつ，学習進度や理解度について把握していきます。ノートの状況や，時には保護者への聞き取りから，その子の理解度や学習空白の状況も把握することができます。

point たくさん○がつけられるような問題からステップアップ

　個別に指導したり教材を作成したりする場合，多くを詰め込まず，限られた時間の中でできる量にします。先ずは最低限の学力を補うために，基礎的なものを重視して選ぶとよいでしょう。宿題などの課題を利用し必要な事項を精選します。簡単で，たくさん○がつけられるような問題から取り掛からせて「できる」「わかる」を増やしていくことが大切です。スモールステップで移行できる学習課題を作成し実施することで，次の学習に向かうエネルギーを蓄え，どこにつまずきがあるか発見できます。学習ステップ表を作りチェックしていくとより効果的で，子どもも先生と一緒に進んでいるという気持ちにもなれるでしょう。

背景要因2　経験や体験の不足による自信の喪失

集団への指導スキル

point　友だちや先生を通じて，気持ちのつながりを継続させる

　病気の状態によって長時間の勉強が難しい子どもには，休みや遅刻・早退した日に，関わりのある子が中心となって宿題や手紙を持って行くなどし，常に学校の様子を伝えるようにしましょう。つながりを継続し，空白があっても「学校へ行きたい」という気持ちが維持できることが理想です。一緒に学習ができる喜びを共有し，「できるときに」「できるだけ」「できることを」積み重ねていき，子どもと先生が共に学習の歩みを進めることが大切です。

point　合同学習を進め，友だちとの一体感を生む

　基礎の定着ができていれば，仲の良い友だちと合同学習させることで，個別感や孤立感を解消し「一緒に学んでいる」という感覚を得られる環境を設定します。その子を擁護するより，他の児童に任せることで「病気でもがんばっている友だちがいる」という意識を児童やクラスにもたらす作用もあります。この方法はその子に過度な負担を課さず，友だちとの公平性が感じられるように行いましょう。

個別の支援スキル

point　ゲームや遊びを取り入れ，学びの楽しさを覚える

　「できる」「わかる」が少なく，学習へのエネルギーが低い場合には，トランプやカードゲームなどを使い，教科学習から一旦離れ，考えることの楽しさを覚えるようにしま

す。先生とも対等に行えるため，子どもの自信にもつながります。小学1年生におすすめなものとして，10になる数を合わせる「ぴっぐテン」というゲームがあります（http://www.mobius-games.co.jp/Zoch/Pig10.html）。

^{point} 別室での指導を活用した学習の場の設定

体調不良や治療のための通院などで学習や体験の空白が生じる場合，空白を補う機会を確保することが必要になってきます。体力減退のある子どもに保健室等の別室で，体育の時間などを利用し，空白のある教科の補習を行うという方法です。その際には，現在の学習内容の精選が必要です。学習空白を補う場合でも，休んだ日の補習を行う場合でも，いずれにしても連続した学びの場で，系統性に配慮した指導を行う必要があります。

^{point} 休みの日の個別教材で，振り返りの指導を行う

学校の時間外での個別学習や個別教材を使用する際には，現在行っている授業の内容ではなく，前の単元を振り返られるような教材も使うとよいでしょう。Aくんのように未学習でわからない場合もあれば，学習した範囲で自分なりに理解しようとがんばり，誤った理解や定着をしてしまう子どももいます。振り返りで学習空白を補いながら，やる気を引き出せるように工夫をしましょう。　　（三好　祐也）

【参考文献】
・丹羽登監修『病弱教育における各教科等の指導』ジアース教育新社，2015
・全国特別支援学校病弱教育校長会『病気の子どもの理解のために』国立特別支援教育総合研究所，2010

❻ 見ることが難しく，周囲の情報が認知できない子どもへの対応ポイントは？

　ものを見るときに極端に近づいて見たり，一生懸命になればなるほど顔を斜めに傾けて見たりする子どもがいます。見たいものと目との距離が近いため，いつも机に顔を寄せ，背を丸くして学習しています。手元にある教科書の文字も，遠くにある板書の文字も見えにくく，初めて出会う言葉では読み間違いも多くなります。小学1年生の初めは教科書の文字が大きいことに加え，行間が広く，文節ごとに区切ってあるので読むことができるのですが，1年生も後半になると文章が長くなり，文字も小さくなります。また，算数では時計や長さの学習で，目盛りを読んだり作図したりすることが求められ，細かいものが見えないことでの困難に直面することが多くなります。

　一方，体育などでは，全体の様子を一度に把握できないことでの困難もあります。ダンスや体操のような動きのある場面では，大まかな動きはできても手のひらの向きなどの細かい部分はつかめていないといったことがあります。

背景要因1 ☞**座学の場面で，手元や黒板の細かい部分が見えない**

背景要因2 ☞**体育や全校行事の場面で，全体の様子を把握できない**

ということが考えられます。

これだけは知っておこう

　眼疾患が疑われる場合は医療との連携が不可欠です。まずは眼科を受診し，矯正できれば眼鏡等を処方してもらいましょう。特に小学校低学年までは，ピントの合った像を見ることで視機能の発達が促される可能性があります。この場合は，毎日眼鏡をかけることが一番の治療となります。

　自分の眼鏡をかけてどれくらいの視力が得られるのか，左右の目で視力に大きな違いはないか，視野には問題はないか，極端にまぶしがったり，逆に薄暗いと全く見えなくなったりということはないかといった情報が適切な支援のために大変重要です。保護者と一緒に医療からの情報を整理し把握します。

　その上で，本人の見方（見るときの距離や顔の向き）について考えていきます。よく見ようとして自分なりに得てきた見方なので，それを「もう少し本を離して見なさい」などと指導しない方がよいことが多いようです。眼球が不随意に揺れる（眼振）子どもの中には，「こうすると目の揺れが軽減する」という目の位置（顔の向き）を知っている場合があります。他にも，視野障害で真正面が見えにくいことも考えられます。いつも顔を斜めに傾けて見るというのはそういった本人の工夫であることが多いのです。

　眼科的に問題がなく，発達障害等からくる見方の不器用さ，見るべきところがつかみにくいための見えにくさについては，本書の他の項目でも紹介されています。

> **背景要因1** 座学の場面で，手元や黒板の細かい部分が見えない

集団への指導スキル

point 環境を整える

チョークの色は白と黄色を基本にします。赤や青，緑などでは文字は書かないようにし，アンダーラインや囲みなどで使う程度にとどめます。赤や青でも，蛍光チョークだと一般的なものよりも少し見やすくなります。教員が板書を声に出しながら書くことも有効です。

天気や季節によって教室内の明るさを調節できるように，窓にカーテンをつけます。そして，どの子どももまぶしさや暗さに対して我慢する必要はないこと，「カーテンを閉めてもいいですか」とクラスで発信できるのがよいことだと伝えます。こういった雰囲気が，見えにくさのある子どもの育ちを支えます。

point 道具のよさに気づかせる

裸眼視力と矯正視力があまり変わらない場合，本人は眼鏡で見えやすくなるという実感がなく，煩わしいだけと思うことがあります。さらに，眼鏡をかけると周囲からどう見られるだろうと不安に思うこともあります。眼鏡をはじめ，見えにくさのある子どもが使う特別な道具について「みんなと同じように見るために，同じように学習をがんばるために必要なもの」という受け止めがクラス全体でできていると，見えにくさのある本人も，自分の見えにくさを前向きに捉えることができるでしょう。

「お洒落な眼鏡だね。かっこいい！」とクラスメイトからうらやましがられるような眼鏡デビューができると，きっと毎日かけ続けられるようになるでしょう。

(個別の支援スキル)
見るものを大きくする

細かいものが見えにくい子どもへの個別の支援には様々なものがあります。拡大教科書の使用もその一つです。多くの場合，拡大教科書は3つのサイズから選ぶことができます。文字は大  きければ大きいほど読みやすいわけではありません。一人一人の見え方に合ったものを選ぶことで，本人の見ることへの負担が軽減できます。また，読むことだけでなく，持ち運びや授業中の扱いも含めたサイズの検討が必要です。

他にも，見たい距離まで近づくことと良い姿勢で学習することを両立させる書見台，目盛りの見えにくさには白黒反転ものさしが有効です。手元を拡  大して見るルーペも多種あります。黒板を見るには単眼鏡やタブレット端末，遠方視に使える拡大読書器を使う方法があります。これらの支援では，道具を選ぶのと併せて，本人がその道具の  よさを感じられるまで一緒に練習することが大切です。

背景要因2 体育や全校行事の場面で，全体の様子を把握できない

集団への指導スキル

point 指示語には一言添える

全体へ指示をする際に，「あの」「この」といった指示語とともに指さしなどで説明することがありますが，見えにくさのある子どもには，理解しづらいことがあります。「あそこの箱に入れましょう」と指さすのに併せて，「Aさんの席の右にある箱」「体育館ステージに向かって右端にある箱」と言葉を添えるとわかりやすくなります。箱が目立つ色をしているとさらに探しやすくなります。

point 色を工夫する

体育など，赤白帽子やはちまきの色でチーム分けをするときには，チームごとに色のはっきりしたビブスを着ます。帽子やはちまきよりも面積の大きいビブスの方が見えやすいからです。ボールを使う際には，床や地面の色とはっき

り区別できる色を選ぶようにしましょう。体育館の木目の床の場合は茶色よりも白や青色のボールの方が見えやすいでしょう。縞模様など大きな柄のあるボールがよい場合もあります。

校内の廊下や階段で，暗すぎたりまぶしすぎたりする場所があれば，照明やカーテンを使って光量の調節をしたいものです。階段などの段差は縁を目立つ色で塗ったり，目

立つ色のゴムを貼ったりするとわかりやすくなります。

個別の支援スキル

見るための時間をとる

　初めて学校のプールを使うときなどは，授業の前に本人がプール全体の様子を把握するための時間をとることが有効です。プールでは眼鏡を外して学習をする場合も多いでしょうから，事前に眼鏡をかけた状態で環境の把握をさせます。入口からフェンス等に沿って元の入口に戻るまでを一緒に歩き，シャワーや目洗い場の場所，ビート板等の置き場所について知らせます。段差があるところを丁寧に伝えることで，眼鏡を外してもイメージをもって安全に移動することができるでしょう。併せて，それらを図にして説明すると，より理解が深まります。また，ダンスなど動きの指導では，モデルを近くで見せることと併せて，タブレット端末で動きをビデオ撮影し，その動画を自分が見たいところで止めて部分的に拡大して見るといったことも有効です。

　見えにくさのある子どもの支援については，地域の盲学校（視覚特別支援学校）やロービジョン外来（治療でなく生活の向上を目指したサポートを行う）のある眼科などが相談に応じています。本人，保護者，学校の先生方が共にニーズを把握し支援をするきっかけとしてそれらの機関とつながるとよいでしょう。

（川野　吏恵）

【参考文献】
・氏間和仁編著『見えにくい子どもへのサポートＱ＆Ａ』読書工房，2013

COLUMN

英語教育とディスレクシア(dyslexia)

　「学習障害（LD）は知っていても，ディスレクシアは知らない」という先生方も多いのではないでしょうか。ディスレクシアはギリシア語の dys（困難）と lexia（読み）に由来し，現在は知的な発達の遅れを伴わない読み書きの障害を意味します。英語圏での出現頻度は人口の10%以上ともいわれ決して珍しくありません。英語のディスレクシアの困難例としては，文字の習得に非常に時間がかかる，単語をスムーズに音読（デコーディング）できない，スペリング困難などが挙げられ，その原因としては音韻認識（音韻意識）や音韻処理の弱さが指摘されています。

　さらにディスレクシアは言語によって現れ方が違うことが報告されており，同じアルファベットを用いる国でもイタリア語やドイツ語のように規則的に文字と音が対応している（そのまま読める）国と，英語やフランス語のように綴りと発音が一致しない語が多い国では，ディスレクシア出現率は後者の方がずっと高くなります。つまり読み書きの習得には個人の生まれつきの認知的傾向だけではなく，学ぶ対象となる言語の影響も大きいのです。これらの理由から，英語を学習する日本人にも英語圏と同じかそれ以上の割合でディスレクシアが出現する可能性が十分に考えられるといえるでしょう。

　10名に1人が読み書き困難となれば，英語圏の初期リテラシー指導の歴史はディスレクシアとの闘いであったとい

っても過言ではありません。つまずきの原因解明のために言語学,医学,脳科学,認知心理学など様々な分野で研究が進められ,科学的根拠に基づくカリキュラムや指導法が模索されました。ディスレクシアは「適切な指導」が最も必要であるとされ,英国ではその成果をローズ報告書(Rose, 2006)にまとめ,公教育ではシンセティック・フォニックスの導入が義務づけられることになりました。

同フォニックスは体系的,明示的,段階的な文字と音の対応習得を目指し,文字の操作と同様に音韻の操作も重視されます。徹底したユニバーサルデザインの授業で,小学校低学年では音韻意識とフォニックスの定着を確実にし,単語の読み基礎力を育てます。そして高学年からは読解や作文を中心とした,活字によるコミュニケーションをより重視した学習活動へと段階的に発展させていきます。

こうした英語圏での取り組みからは,初期のリテラシー指導の重要性が示唆されます。日本では英語の音韻意識や文字−音対応スキルの体系的な指導はほとんど実施されておらず,まだまだ改善の余地が大きいといえます。つまずいてからではなく,つまずき回避の対策が最も求められています。

(村上加代子)

【参考文献】

・湯澤美紀・湯澤正通・山下桂世子編著『ワーキングメモリと英語入門:多感覚を用いたシンセティック・フォニックスの提案』北大路書房,2017
・村上加代子「日本の英語教育におけるディスレクシア生徒に関する一考察」『神戸山手短期大学紀要』(55),2012,pp.67-76

1　2　3　4　第 **5** 章

連携・接続

第5章 連携・接続

❶ 教育支援員等,支援に入る教職員との日常的な連携ポイントは?

「いつもの場所でいいですか?」

「はい。では,30分頃からお願いします」

学年に配属された教育支援員の先生と担任の先生は,決まった曜日の決まった時刻,決まった場所で,いつも情報交換を行っていました。しかし,登校支援員の先生や保健室の先生,生徒指導の先生など,その他の先生方とは,そう頻繁にはできません。

「朝,遅れてきた○○さんの様子はどうだったのかな」

「教室になかなか入れずに保健室で過ごしていたけれど,保健室ではどんな様子だったのだろう」

「掃除の時間に生徒指導の先生に指導されていたみたいだけど,どんな内容だったのかな」

と,担任として知りたい情報がすぐに手に入らなかったり,伝え合いたい情報があっても,タイミングが合わず後回しになってしまったりと,お互いが納得のいく情報共有とは難しいものですね。

日常的な連携を妨げている背景には,

背景要因1 ☞ **担任をキーパーソンとする教師の指導体制が整っていない**

背景要因2 ☞ **情報共有するための時間確保が難しい**

ことが挙げられます。

これだけは知っておこう

教育支援員等，支援に入る教職員とは，
- 教育支援員（特別支援教育支援員など，自治体によって名称が違う立場だと思います）
- 特別支援教育コーディネーター
- 登校支援員　　・スクールカウンセラー
- 生徒指導主事　　・養護教諭　　　・司書教諭
- 校長など管理職　・通級指導教室担当

などを意味します。

　校内での連携をスムーズにするためには，それぞれの立場や役割について，お互いに尊重し合うことが校内での協力体制をうまく構築するコツです。

　平成29年３月に文部科学省から出た「発達障害を含む障害のある幼児児童生徒に対する教育支援体制整備ガイドライン」では，学校内のそれぞれの立場の者がどのような役割を期待されているかについて章立てて記載されています。例えば，通常の学級の担任・教科担任用として「自身の学級に教育上特別の支援を必要とする児童等がいることを常に想定し，学校組織を活用し，児童等のつまずきの早期発見に努めるとともに行動の背景を正しく理解するようにします」と記されています。

背景要因1 担任をキーパーソンとする教師の指導体制が整っていない

集団への指導スキル

担任をキーパーソンとする教師の指導体制を整えるためには，次のような取り組みが考えられます。

point それぞれの役割を理解する

担任は全体を，教育支援員等，支援に入る教職員（以下教育支援員とする）は個々の子どもに対応することを大前提とします。基本として，全体への指示は担任が行い，教育支援員は，担任の指示を個々に言い直すことはしません。

担任と教育支援員の間で「ほめ役」「叱り役」などを決めてしまうと，その役によって態度を変えたり，担任がいる時は指示に従っていても，担任がいなくなると教育支援員の言うことを聞かなくなったりしてしまいます。子どもにとって適切な行動は何か，不適切な行動は何かについて担任と教育支援員はよく共通理解した上で，教育支援員は担任を支え，担任と子どもとの関係性をよりよいものにしていくような支援をぜひお願いしたいです。

point 組織的な支援を得る

必要に応じて，対象の子どもへの対応について校内委員会やケース会議で検討し，職員会議で提案して全職員で共通理解するなど，組織的な支援を得られるようにしていくことも大切です。

個別の支援スキル

point 具体的に伝える

　個別の支援については，その子どもにとって必要な支援をすること，不必要な支援はしないことを基本とします。

　一人一人に対しての「必要な支援」「不必要な支援」について，担任は具体的な言葉で教育支援員に伝える必要があります。例えば，担任は「○○さんについておいてください」という言い方ではなく，「ノートに日付とめあてが書けたら，その他の子どもを見て回ってください」「自力解決で困っていたら，九九カードを渡してください。困っていなかったら，離れて大丈夫です」など，具体的な動きを伝えます。

point やりとりの中から見つける

　「できるようになったら，支援は外していく」「その子どもが自分でできることを増やしていく」ことを共通理解した上で，教育支援員は，その子どものがんばっている姿，成長を担任に積極的に伝えたり，「迷っていること」「悩んでいること」を担任と共有し合ったりすることで，その子どもの将来を見通した個別の支援を行うことができるのだと感じます。45分ずっと集中はできないけれど，今日は「めあてを書くことができたら」「振り返りが1行書けたら」「教科書を持って音読できたら」と，その子にとっての「今はここまで」を連携する中から見つけていくような指導体制を目指したいものです。

背景要因2 情報共有するための時間確保が難しい

集団への指導スキル

あらかじめ「設定」する

　情報共有するための時間を確保するには，相談の上，冒頭に書いたような「設定」（時間と場所）を年度始めにつくっておくとよいでしょう。基本週始めの月曜日か週末の金曜日の業間休みと決めるのはいかがでしょう。気になる子は，週始めや週の終わりに落ち着かなくなることが多いため，翌週のその子に応じた対応策，もしくはその週の対応策について考え，情報交換できる時間はとても大切です。また，場所については当該学年の教室のある階段の踊り場や，ろうか，階段等子どもたちの様子を見ながら話ができる場所がおすすめです。教室や運動場で何かあったときにも素早く対応できます。また，子どもたちにとっても，担任や教育支援員の先生がどこにいるのかがわかっていることは，安心感につながります。

情報の集め方と置き場所を工夫する

　登校支援員や保健室，生徒指導の先生など，その他の先生方とは，担任が出向いたり，話しかけたりして情報交換を行います。勤務時間の関係で時間がとれない登校支援員の先生とは，付箋紙や「おはよう○○カ

「おはよう○○カード」*1

ード」*¹で，互いの登校時刻や教室に入った時刻等の情報交換を行うとよいでしょう。職員室の担任の机の上に置く決まりやパソコンの共有フォルダに情報を書き込む決まりなどをつくり，互いのよい時間に確認するのもおすすめです。

個別の支援スキル

共通のものさしをもつ

朝の登校支援で「おはよう○○カード」*¹に登校支援員が記入し，担任は後から内容を確認します。「表情カード」*²などで気になる子が担任とやりとりしながら自分の気持ちや感情をグループ化します。その情報を担任や教育支援員の先生，保健室の先生が共有し，共通のものさし

㈱クリエーションアカデミー
表情カード*²

として子どもと関わることで，短時間で具体的な対応策を考えたり，情報交換したりすることができます。

時間がないなら，共通のものさしを使って焦点を絞り共有し合うという考え方で，短時間により多くの共有ができるといいですね。　　　　　　　　　　　　　　（重政　昌子）

【参考文献】
・文部科学省「発達障害を含む障害のある幼児児童生徒に対する教育支援体制整備ガイドライン」，平成29年３月　http://www.mext.go.jp/component/a_menu/education/micro_detail/__icsFiles/afieldfile/2017/10/13/1383809_1.pdf
・青山新吾編著『特別支援教育ONEテーマブック③ 気になる子の将来につなげる人間関係づくり』学事出版，2014

❷ 特別支援学級の交流及び共同学習における日常的な連携ポイントは？

　特別支援学級の児童が，通常の学級に行って学習をする際に，通常学級の担任は「どこまでみんなと一緒のことをさせればいいの？」「できていないけれど，どこまで手を貸していいの？」「他の子と同じように注意してもいいの？」と，その子との関わりについて，不安を感じたり，迷いをもったりすることがあります。

　また，特別支援学級の担任は，「もう少し，特別支援学級の児童をみんなの中で活躍させてほしい」「特別扱いをしないでほしい」，反対に，「特別支援学級の子どもだから，もう少し配慮してほしい」と感じることがあります。

　同じ子どもの成長に関わっていくのに，集団の中の一人として関わる通常学級の担任と，個別に関わることを中心としている特別支援学級担任との思いにずれが生じてしまうことで，指示が曖昧になり子どもが混乱したり，児童相互の関係が築きにくくなったりすることがあります。

背景要因1 ☞ **ねらいが共有できない**
背景要因2 ☞ **子ども同士の関係の弱さ**

という2点をクリアすることで，交流及び共同学習が，障害のある子どもの自立と社会参加を促進するとともに，社会を構成する様々な人々と助け合い支え合って生きていくことを学ぶ機会となるのではないかと考えます。

第5章 連携・接続

これだけは知っておこう

「交流及び共同学習」は，平成16年6月に障害者基本法が改正され，第14条「教育」に以下のような内容が追加されました。

第14条　国及び地方公共団体は，障害のある児童及び生徒と障害のない児童及び生徒との交流及び共同学習を積極的に進めることによって，その相互理解を促進しなければならない。

また，小学校学習指導要領（平成20年3月告示）には，
第1章　総則　第4の2
(12)　学校がその目的を達成するため，地域や学校の実態等に応じ，家庭や地域の人々の協力を得るなど家庭や地域社会との連携を深めること。また，小学校間，幼稚園や保育所，中学校及び特別支援学校などとの間の連携や交流を図るとともに，障害のある幼児児童生徒との交流及び共同学習や高齢者などとの交流の機会を設けること。

と定められています。

「交流及び共同学習」が障害のある子にとっても，障害がない子にとっても，相互の学習になることが大切です。共に学ぶことで，子どもたちが互いの長所・短所を知り，足りない部分に気づき，自ら相互補完していくような仕掛けづくりを教師が行うことが重要になってきます。

背景要因1 ねらいが共有できない

集団への指導スキル

　誰にでも苦手なことはあります。それを克服するために苦労や，努力を重ねているはずです。特別支援学級の友だちも，苦手を克服するために苦労や努力をしています。学習内容によっては違う教室で学習しているけれど，その子も自分と同じクラスの一員で，一緒に学習しているのだということを感じさせていくことが大切です。

　それを知らせていくときに重要になってくるのが，その子自身の力について通常学級担任と，特別支援学級担任とが共通の認識をもっていなければならないということです。

　そのためには，日々の授業の内容の連絡・確認が重要になります。週案で，時間割だけを連絡し合っていては，ねらいを共有することはできません。授業の内容，活動についても連絡を取り合うことで，特別支援学級の子は，みんなと一緒にどこまで活動できて，どこから支援が必要になってくるのかということが明確になってきます。例えば授業中にノートに記録させるのか，ワークシートを使用する方が子どもたちのつまずきが少ないのかなど，その子の支援を考えていくことが全体の支援にもなります。

　はじめのうちは，連絡を毎日取り合うことが難しいと感じていても，続けていくうちに，特別支援学級の子どもの実態，一緒に活動できそうなことや支援の仕方などもわかるようになります。すると，連携がとてもスムーズになってきます。

(個別の支援スキル)
集団のルールを守って行動できるようにする

　交流及び共同学習においては，特別支援学級の子どもに対しては，基準を個々に合わせる場合はあっても基本的に学級のルールに沿って指導していかなければなりません。特別支援学級の子どもに対して，交流学級で学ぶそれぞれの時間にみんなと一緒に学ぶことの意義やねらいを，それぞれの子どもにわかるように理解させて学習に臨ませるようにします。

　しかし，どうしてもルールが守れないことや，うまくできないことについては，その場では，その子の特別を容認していかなければならない場合もあります。

　その場で容認する際にでも，認める理由を本人や周囲の子にきちんと伝えたり，後から指導することを約束したりして，その子だけの特別ルールをつくらないようにします。また，どうしてもルールが理解できない場合は，特別支援学級で通常の学級でのルールについて考える時間をつくり，担任が一緒になって「守らなければいけない」という気持ちを育てていくことが大切になると考えます。

　集団の中で生活をしていくには，最低限度のルールを守ること，守ろうとがんばっていくことが必要であり，その姿を周囲の子どもたちが見て一緒にがんばる仲間として認めていくようになるのではないかと考えます。

背景要因2 子ども同士の関係の弱さ

集団への指導スキル

　子どもたちの多くは，友だち同士の学び合いを求めています。その方がわからないことがあっても気軽に聞きやすいし，話し慣れた友だちの説明の方がわかりやすいこともあるからです。また，自分ではわかったつもりになっている子も，友だちに説明することで，さらに理解を深めることができます。同様に特別支援学級の友だちに対しても，子ども同士で学び合う共同的な学習の場を授業の中に取り入れるようにしていきます。例えば，理科の実験では，グループでできる役割をどの子にも分担して，みんなが活動できるようにする方法があります。音楽では，グループで合奏練習をする際，リズムに合わせるのが難しい子どもには，ゆっくり音を確認しながら練習する方法や，音を減らしてみんなと合わせて演奏する方法があります。学習に配慮が要る子どもたちへの支援の仕方については，子どもだけで決めたり，取り組んだりすることは難しく，方向を誤る場合もあります。そこで，指導者や支援者がまず，学習をする中で必要な手助けをしていきます。一緒に活動している子どもたちは，大人の関わり方を見ながら，友だちの支援の仕方を知り，関わることができるようになります。

　また，学習だけでなく，休み時間のクラス遊びや給食時間などを一緒に過ごすことで，特別支援学級の友だちとのことを知り，つながりも強くなるのではないかと思います。

第5章　連携・接続

個別の支援スキル

ᵖᵒⁱⁿᵗ 自分が学びやすい場所を子ども自身が知ること

　特別支援学級の子どもが，集団の中で自分らしさを発揮しながら学んでいくためには，自分が学びやすい場や学び方を知っておくことが大切になります。友だちと一緒にいることは好きだけれど，大勢いると落ち着かない，周りの声が気になって集中できないなどの子どもの場合，通常学級では何を学習し，特別支援学級では何を学習するのがよいのか考えます。単元すべてや一時間すべてを交流学級で学習する必要はないかもしれません。交流学級で一緒に学習しておかなければならないもの，その場にいることが大切なこと。個別でじっくり身につけておくべきこと。一時間一時間の学びがその子にとって必要な価値ある学びになるように考えていかなければなりません。

　交流及び共同学習で大勢の友だちと学ぶ場合，子どもへの指導も重要ですが，まずは指導者が連絡，調整をし，子どものできること，苦手としていることなど，その子をしっかりと知り，特別支援学級担任と同一歩調で関わっていくことが一番大切になるのではないかと思います。

（月本　直美）

【参考文献】
・青山新吾編著『インクルーシブ発想の教育シリーズ①　インクルーシブ教育ってどんな教育？』学事出版，2016
・田中博司『スペシャリスト直伝！　通常の学級特別支援教育の極意』明治図書，2015

❸ 通級による指導を受けている子どもについての通級指導担当者との連携ポイントは？

「先生，通級指導教室ってどんなところですか？」

若手教員のサクラ先生が，素朴な疑問を特別支援担当の先輩教員に投げかけました。

話を聞くと，登校しぶりも見られる以前から軽い吃音がある女児が，最近になってその症状がひどくなってしまったそうです。そこで，心配した保護者が独自に通級指導教室へ問い合わせ，設置校での教育相談が行われました。その話し合いの中で，通級指導の希望を申し出たところ，「在籍校の校長から教育委員会への手続きが必要になるので，担任にも相談をしてください」と告げられたそうです。

しかし，サクラ先生は通級指導についての知識を全くといっていいほど持ち合わせていなかったため，保護者から受けた連絡内容に対してきちんとした返答ができず，手続きや今後の女児への支援の在り方などについても，その対応に戸惑うばかりでした。

このため，特別支援コーディネーターなどの先輩教員に相談し，不安の中で支援構築を図ることになりました。

以上の事例にはどのような課題が潜んでいるのでしょうか？ 次の2つの視点から考えてみました。

背景要因1 ☞「通級指導」に関する知識不足
背景要因2 ☞「困り感」の把握不足

これだけは知っておこう

「通級による指導」は，支援が必要な通常学級に在籍する児童生徒のため，授業の一部を個々の障害特性に応じた特別な教育課程で実施する教育形態です。

	特別支援学校	特別支援学級	通級指導教室
視覚障害	○	○ (弱視)	○ (弱視)
聴覚障害	○	○ (難聴)	○ (難聴)
知的障害	○	○	
情緒障害		○	○
肢体不自由	○	○	○
病弱・虚弱	○	○	○
言語障害		○	○
自閉症		○	○
LD			○
ADHD			○

（通級による指導の対象ではない→知的障害の通級指導教室欄）
（特別支援学級の対象ではない→LD・ADHD）

対象は上図の通りで，これらの障害をもつ子の中でも，指導の必要があるものに限られます（学校教育法施行規則第140条，同第141条）。

内容は，障害による困難の改善・克服を目的とする指導を基本とし，必要に応じて教科内容の補充指導も行えます。児童生徒の実態や教室環境に応じて個別や小集団での指導形態が選択され，教室が自校にない場合は他校等への通級になります。設置環境や児童・保護者の負担軽減のため，教師側が巡回する形式をとる地域もあります。

通級指導教室への入級には，所定の手続きが必要です。在籍校からの報告や保護者からの申し出により，教育支援委員会で教育学，医学，心理学等の観点から総合的かつ慎重な審議が行われ，教育委員会が決定します（「障害のある児童生徒等に対する早期からの一貫した支援について（通知）」，平成25年10月）。

背景要因1 「通級指導」に関する知識不足

◆ 連携へ向けての環境整備

　Ａ市の通級指導教室が，通級児童の担任（以下，通級児担任）へアンケートを実施すると，「情報交換をする機会をもちたい」という声とともに，「通級指導教室では何（どんな指導）をしているのか？」との声が多く出されました。このことから，「通級による指導」に関する具体的なイメージをもち合わせている学級担任が少ないことがわかります。

　以上を踏まえて，Ａ市の通級指導教室では，通級児担任との連携を深めるため，次の３点の活動にさらに力を入れることにしました。

① **教職員向けの通信の発行**

　小集団での仲間づくりや学習スキルを身につけるトレーニングプログラムの具体的な指導方法を複数取り上げ，指導の様子の写真画像とともに詳しく紹介しています。

② **通級児担任との合同連絡会の開催**

　通級指導教室の施設見学や授業説明（読み書きに困難のある児童への配慮を中心に）を行い，参加者同士での情報交換や個別相談も実施します。

③ **通級指導教室での授業公開**

　具体的な指導場面を在籍校の担任に参観してもらい，支援の具体的方法を直接知らせます。そして，それぞれの児童への励ましの言葉を寄せてもらいます。

　以上のような工夫を通して，各地の通級指導教室では，

在籍校との連携を図る努力を重ねています。

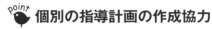 個別の指導計画の作成協力

通級指導の対象児については，在籍校と指導担当の双方で「個別の指導計画」を作成します。在籍学級での指導内容と通級指導教室での指導目標や手立てについて，双方の学校の指導者が共通理解するためです。在籍校の「個別の指導計画」を専門的な支援を受けて，協働で作成することも考えられます。

例えば，聴くことに困難がある児童の担任が，「きこえの教室（難聴教室）」の指導担当者から指導上の配慮について情報を得る場合があります。児童の聴こえづらさや言語理解の状況だけでなく，説明する際の顔の向きや口形，補聴器についての知識，ノートテイク（筆記通訳）支援者との連携方法などです。

前述した，吃音のある児童についても，学校生活において教師に配慮・支援を望む基本的な事項として，音読や発言・発表などの機会に，吃音症状を笑われ真似されるなどのからかいの対象となることが危惧されます。この場合，吃音のある児童への個別的な配慮にとどまらず，周囲の児童（学級の枠を越えた）に対しても，障害理解やいじめの防止という観点も含んだ対応が必要になることから，担任任せでなく，学校長をはじめとする全校職員での共通理解が重要になります。

背景要因2　「困り感」の把握不足

✎ 細やかな対応～連絡ノートの活用

　日頃の情報交換を確保するために,「連絡ノート」を利用している通級教室もあります。通級担当が,週や月ごとの指導内容や経過を記述し,児童に成長が見られた点や共通の課題として取り組んでいきたい点などを記述します。担任も児童の努力や成長への応援や学級での様子を記述します。通級指導教室での支援グッズや指導内容に関する記述が,在籍校での指導や保護者の関わりのヒントになるケースもあり,児童と保護者の安心感や信頼感も高まります。また,これらの情報の蓄積が,次年度の学級担任への引継ぎにも大変役立ちます。

　最近では,公務支援ソフトの導入で,支援に関するマル秘情報の送信が可能になった地域も増えています。これにより,市区町村の教育委員会（教育支援委員会）や設置校との事務手続きに関する様々なやりとりも容易になり,担当者間での連絡調整や情報共有の利便性が格段に進んでいるところです。

✎ 気づき・気づかう体制づくり

　障害特性の表出状況は,個々の児童が生活する学級の環境によっても大きく変化します。学級の集団に落ち着きがない場合は,この気づきも難しくなります。担任が集団指導に重きを置き,個々の児童の困り感に対応する余裕がなくなってしまうためです。口数の少なかった子の構音障害が見逃されていた例もありました。

前掲の吃音のある女児の学級では，ある子が教科書の音読を読み間違えた際に，みんなが大笑いしたことがあったそうです。この時，読み間違えた子自身も一緒に笑っていたため，担任は気にとめていませんでした。しかし，吃音のある女児は，「自分もうまく読めずに，みんなから笑われてしまうかもしれない」という不安が高まってしまったそうです。

　以上は，通級担当が学校での様子を聞いていた中で，後日に判明したことでした。この連絡を受けた学級担任は，早速先輩教員に相談し，一人での音読を避け，隣同士や班ごと，男女別や列ごとに読む手法を取り入れました。加えて，失敗の指摘よりも各自の伸びをほめ合う前向きな学級の雰囲気づくりに努めることで，女児の症状も次第に改善が見られ，保護者の心配も軽減してきました。

　このように，通級担当からの情報をいち早く校内で共有し，児童や保護者の「困り感」に対応することが重要です。学校によっては，特別支援教育コーディネーターだけでなく，スクールカウンセラーからも助言を得る形で，担任や保護者をサポートする校内支援の体制づくりが進んでいます。

　また，地域によっては，通級担当が通級児の在籍学級で理解啓発授業を行う「出前授業」の要請を受け入れている通級指導教室もあり，児童を幅広く支援する体制づくりのための工夫や連携が図られています。　　　　　（塚田　直樹）

【参考文献】
・文部科学省編著『改定第2版 通級による指導の手引』佐伯印刷, 2012

COLUMN
院内学級での関わり

　みなさんは，院内学級ってご存知でしょうか？　「聞いたことあります」という方が最近増えてきました。うれしい限りです。でも，説明をお願いします，と言うと，難しいという反応をされる方の方が多いかもしれません。

　「院内学級」，読んで字の如く「病院の中の学級」です。しかし文部科学省が認めている名前ではありません。通称です。正式には，病弱・身体虚弱児特別支援学級のうち病院内に開設をしている学級です。「病院の中の学校・学級」と呼ばれることもあります。全国に約200学級ほどあります。最近，通常の学校の中にある病弱の特別支援学級はどんどん増えています。病弱教育を掲げる特別支援学校もこの10年で約1.5倍に増えました。しかし，病院の中にある学級数はほとんど変化がありません。

　現在，医療は凄まじい進歩を遂げています。厚生労働省の方針もあり，子どもたちの入院期間は，どんどん短くなっています。10〜15歳の子どもの在院日数の全国平均は約10日間というデータもあります。

　「たった数日でしょう。今はゆっくり休んで。勉強は治ってからでいいですよ」

　そんな声が聞かれます。もちろん，その言葉が通用する子どもたちもいます。しかし，医療とつながっていなければ生活できない子どもたちも増えています。退院をしても，お家で過ごしている子もいます。不登校のきっかけが病気

COLUMN

という子どもが15%いるという調査もあります。病気のある子どもたちの教育の保障を考える必要があります。

> 「いきたいな」
> しゅうぎょうしきもいけなくて
> しぎょうしきもいけなくて　ちょっといや
> ちゃんとはじめられなくて　ちょっといや
> でもここならできる

　小学1年生の女の子が教えてくれました。

　病気のある子どもたちは，治療のために「よい患者」であることを求められます。受け身であること，従順であることを求められます。「子ども」ではいられないのです。もしかしたら，教室でも「よい生徒」，お家でも「よい我が子」を求められている子もいるかもしれません。だから，せめて教室に来た時は，「子ども」に戻ることを保障していきます。そして，「自分は自分のままでよい」「自分は役に立つ」「自分は賢い」「自分は愛される価値がある」「自分は認められている」そんな肯定的な自己イメージをもてる関わりを，教育を使って行います。「どんな感情も大切にね」「あなたはひとりじゃないよ」ということを伝えていきます。子どもたちにとって「学ぶことは生きること」です。子どもは日々確実に成長発達しています。たとえ1日の関わりであったとしても，教育的な刺激を子どもたちに与えることが大切であると考えています。

（副島　賢和）

あとがき

　こんにちは。お初にお目にかかります。堀裕嗣（ほり・ひろつぐ）と申します。札幌市で中学校の国語教師をやっております。特別支援教育に大きく問題意識をもたれている先生方，日々子どもたちの背景に目を向けることに腐心していらっしゃる先生方には，馴染みのない人間であるという自覚があります。従って初見の挨拶と相成りました。

　さて，「学級経営すきまスキル」「生活指導・生徒指導すきまスキル」に続いて，ここに三つ目の企画である「特別支援教育すきまスキル」が完成したこと，そしてこの企画の実現のために青山新吾先生を初めとする多くの専門家，実践者にご協力いただけたことに，まずは感謝の意を述べさせていただきます。おかげさまをもちまして，本書は，私たち（これまでこの企画に携わってきた者たち）だけではとうてい到達できない域にまで提案性を高めることができた，そう感じております。

　「特別支援教育」の発想が普及すれば普及するほど，定着すれば定着するほど，実は「特別な支援を要する子どもたち」が集団から切り離されていく現状がある，少なくとも多くの教師がそれを望むようになってきている，日々そう実感しています。

　「あの子は通常ではやっていけない子だよね」
　「あの子は支援学級に行った方がいいよね」
　そんな声をこの十数年，どれだけ聞いたことでしょう。

あとがき

これでは本末転倒ではないか。それでは体のいい排除じゃないか。いつもそう感じてきました。それはかつてスクールカウンセラーが導入された折に，「不登校生徒」「メンタル的に弱い生徒」をとにかくスクールカウンセラーや関係機関に繋げば良いという雰囲気ができてしまった，そのイメージと重なります。

「特別支援教育」は排除ではない。その子独自の背景要因に目を向けながらも，その子が所属する集団を指導し，それと同時にその子自身への支援を広げ深めていく，そうした思想に基づいた教育政策であったはずです。そしてそうした子の存在によって，実は長期的に集団自体も高まっていくことが目指されていたはずなのです。それが一般の教師は「専門的な教育は専門家に任せれば良い」になり，専門をもつ教師は「専門家同士がお互いの専門領域に踏み込まない」になり，子どもたちだけでなく，意識しないうちに教師までが切り離されていく……そんな現状にあるような気がして忸怩たる思いを抱いてきました。

その意味で今回，本書が背景要因だけでなく，それを見取る知識だけでもなく，集団指導スキルと個別支援スキルの双方に焦点化したことは，かなり画期的なことだと感じております。改めて編集の青山新吾先生，執筆者の皆さんに感謝申し上げる次第です。ありがとうございました。

「LUNA」瀬木貴将／1997を聴きながら
父の四度目の命日に　　堀　裕嗣

【編者紹介】

青山　新吾（あおやま　しんご）
1966年兵庫県生まれ。ノートルダム清心女子大学人間生活学部児童学科准教授。岡山県内公立小学校教諭，岡山県教育庁指導課，特別支援教育課指導主事を経て現職。臨床心理士，臨床発達心理士。

堀　裕嗣（ほり　ひろつぐ）
1966年北海道湧別町生まれ。北海道公立中学校教諭。1992年「研究集団ことのは」設立。

【執筆者一覧】（掲載順，執筆時点）

大野　睦仁	北海道公立小学校	久田　信行	群馬医療福祉大学特任教授
南　惠介	岡山県美咲町立柵原西小学校	佐藤　雅次	群馬県渋川市立古巻小学校
田中　博司	東京都杉並区立桃井第五小学校	関田　聖和	兵庫県神戸市立松尾小学校
久保山茂樹	国立特別支援教育総合研究所	松下　崇	神奈川県横浜市立川井小学校
生方　直	群馬県高崎市立久留馬小学校	深見　太一	愛知県豊田市立加納小学校
宇野　弘恵	北海道旭川市立啓明小学校	三好　祐也	認定特定非営利活動法人ポケットサポート
高田　保則	北海道紋別市立紋別小学校	川野　吏恵	岡山県立岡山盲学校
神吉　満	福岡県北九州市立南小倉小学校	村上加代子	神戸山手短期大学准教授
松山　康成	大阪府寝屋川市立啓明小学校	重政　昌子	岡山県笠岡市立中央小学校
月本　直美	岡山県高梁市立落合小学校	塚田　直樹	群馬県太田市立九合小学校
西　幸代	学習塾ぽえちか講師	副島　賢和	昭和大学大学院准教授
濵田　曜	岡山大学教育学部附属特別支援学校		

特別支援教育すきまスキル
小学校下学年編

2018年7月初版第1刷刊	ⓒ編　者	青　山　新　吾
2023年7月初版第7刷刊		堀　　　裕　嗣
	発行者	藤　原　光　政
	発行所	明治図書出版株式会社

http://www.meijitosho.co.jp
（企画）及川　誠（校正）西浦実夏
〒114-0023　東京都北区滝野川7-46-1
振替00160-5-151318　電話03(5907)6704
ご注文窓口　電話03(5907)6668

＊検印省略　　　組版所　株式会社カシヨ

本書の無断コピーは，著作権・出版権にふれます。ご注意ください。

Printed in Japan　　　ISBN978-4-18-284619-9
もれなくクーポンがもらえる！読者アンケートはこちらから　→